陷入困境公司的买与卖

作者：　　邓耀兴博士

2014 年由企业转机中心有限公司出版

印刷于新加坡
印刷单位：CMYK 有限公司

媒体普遍对邓博士予以认可，视之为亚洲的转机首席执行官。许多国际媒体也就企业转机、转型及网络营销等课题，对邓博士进行过专访，这些媒体包括：马来西亚商业电台、BFM89-9、新闻电台 FM93.8、Edge 电台（美国）、亚州海峡新闻、老板杂志、经济会刊、今日、全球执行力文摘、联合早报、Starbiz 以及海峡时报等。Succsss 大学和 Skyquest.Com 向全球 120 个国家和地区对邓博士的网络研讨会进行广播。

邓博士曾著过畅销书《企业转亏为盈：护理一间生病公司至健康》，此书于 2002 年出版，已被翻译成印尼语和华语。这本书得到了管理大师菲利普.科特勒、商业大亨蔚宏朗和 Y Y Wong 博士的好评。此后，邓博士还撰写了 25 本管理学书籍。他也是新加坡政府指定的培训师，向下岗的高级经理提供培训，之后让他们去运营中小企业。

在亚太地区，邓博士在开设新厂、战略计划和运营管理等方面有着超过 29 年的经验。他曾担任某跨国上市公司的首席执行官长达 19 年。他担任在新加坡的一家美国跨国公司的首席执行官 10 年。他曾领导多家陷入危机的公司实现公司转机。他还曾为上市公司的执行董事们提供咨询服务。

邓博士目前是新加坡特许管理研究所主席、新加坡国立大学商学院校友会及南澳大利亚大学新加坡校友会的主席。邓博士在新加坡营销学院任执行委员会会员长达 14 年，并且最后四年（2000-2004）一直担任此学院的主席。他是新加坡国立大学商学院、新加坡理工大学商学院及南澳大学博士项目顾问委员会的成员。

邓博士获得南澳大利亚大学的工商管理博士学位及新加坡国立大学的工商管理硕士学位（MBA）和机械工程学士学位。他同时还是新加坡专业工程师、英国特许工程师及多家声名显著的专业学院的会员，例如特许市场营销协会、特许管理研究协会、机械工程师协会、新加坡市场营销协会、电气工程师协会等，他亦是新加坡电脑协会的高级会员。他还是通过新加坡政府认证的实践管理咨询师。

目录

3

一、什么是不良证券？

为什么会有人想要投资已经宣布或濒临破产的公司呢？大多数人不想碰这样的股票，但有许多人专门从事这一领域。

不良证券是快要或已经出现财务危机的公司的证券，包括股票、债券、其他金融债权证等。如果一家公司已经申请破产保护，那么它处在财务危机中。

这还包括银行债务和不良贷款。它们未能支付定期利息或本金，而且它们交易的债息高于类似的定期国债。

谁会愿意投资呢？一旦它们的财务危机变成现实，就会有大量的恐慌性抛售，然后交易价格大大下降。在这个时候，它们变成那些分析过它们的真正价值的人的一个诱人机会。近年来，诸如对冲基金、私人股本公司这样的公司已经成为不良证券的最大买家。它们一直持有证券，直到它们可获利了，才将它们卖出。

二、回顾过去——杠杆收购和垃圾债券

在 1980 年代，杠杆收购和垃圾债券成为一种大量出现的现象。有很多收购或杠杆收购发生在这一时期。杠杆收购是指利用目标公司的资产和现金流，通过发行债券收购该公司。该交易将使该公司的债务变得更高，且股本减少。资产部分将保持不变。

与国债相比，为该等收购提供资金而发行的债券开出更高的利息，风险更大。它们被称为"垃圾债券"。

垃圾债券被归入不良证券的行列是因为它们的信用风险较高，投资级别低。在那十年里，它们变得非常流行。许多投资公司专注于此，且垃圾债券构成了公司债券总额的大部分。但在二十世纪 80 年代后期，由于许多违约及一些公司濒临破产，它们开始退潮。

三、为什么投资已经陷入困境的公司呢？

虽然一个正常的投资者会避开一家陷入困境的公司，但在此之前他会考虑如下的一些因素：

1) 折扣价格

一旦一家公司濒临财务危机的消息不胫而走，大多数投资者都会抛售该公司的证券。这种"卖空"的预期导致证券交易的价格非常低。在高价格和低预期值控制的一个世界里，这可能是一个购买的机会，尽管是有风险的。应该注意的是，投资者还是必须计算好，以确定证券的购买价格低于潜在价值或者至少只是该公司的清算价值。而且投资者还必须分析该公司的债务结构。

2) 低关联度

陷入困境的公司倾向于与债券和股票市场有低的关联度，因为它们已经低价交易。因此，投资者必须研究对公司的复兴而言是重要的因素，比如重组计划、债权人参与及增加资本。该公司的活动更具有重要性。

3) 低关注度

一旦一家公司被贴上了破产的名声，大多数分析家倾向于忽略它。当分析师不谈论这家公司时，一般投资者也会忘记它。此时，如果谁充分研究并评估了该公司的真正价值，那么他就可以确定这是否是一个好的购买机会。

4) 监管限制

像养老基金等机构投资者被禁止持有低于投资级别低的证券。当某公司的投资级别被调整为低的投资级别时，这些投资者则被迫出售这些证券。因此此时出现"大量抛售"，这迫使价格大幅下降。该等投资者可能还包括保险公司、银行、公司甚至个人。

5) 银行-不良贷款

不良债券（没有利息或不还本金）成为银行的不良资产(NPA)。银行通常不喜欢持有这样的不良资产。传统上，它们不是不良投资的专家。因此它们可能无法预测发生转机的时间。

6) 贸易索赔-供应商

一旦某公司快要破产，陷入困境的该公司的供应商和销售商通常会非常紧张，它们会试图拿回它们能够拿回的东西。而且它们一般是商品和服务的提供者，几乎没有不良投资的知识。

四、财务危机的原因

一个似乎不错的公司怎么会破产呢？这可能有很多原因，从糟糕的定位、拙劣的营销至经济低迷等。

不良证券的投资者必须仔细研究这些原因，因为只有了解原因，才能够评估复兴计划及证券的价值。

1) 管理不善及领导力不佳

这通常是公司解雇的主要原因。最高管理层必须有正确的愿景、战略、态度、领导才能以推动整个公司。如果领导层至层级低的雇员都不正确，那么客户及供应商也会受到负面文化的影响。有时经理甚至可能贪污，这会给公司的利益相关者造成进一步的伤害。

2) 过度竞争

公司可能已经进入了市场，拥有具吸引力的产品或服务，但如果其他更杰出的公司提供更具吸引力的产品或服务也进入市场，那么前者可能会受到冲击或几乎没有利润。政府也可能放宽对相关外国公司进入市场的一些限制，从而加大了市场上的竞争水平。

3) 定位错误

营销专家迈克尔•波特谈到三个因素——产品差异化、成本领先及专注于一个特定群体。他说，如果一个产品或服务想要成功，那么管理层必须只专注于这三个因素中的一个。因此营销计划应该是清晰的，并得以战略性的实施。

供应渠道很重要，必须得到加强。此外，如果有与产品或服务相关联的品牌价值，则必须充分利用该品牌价值。

4) 经济衰退

经济低迷通常会影响经济体中的每个人，从大公司到供应商到最终消费者。因此一个公司如何应对这个新环境或新的约束决定了它的成功或失败。

在某些情况下，经济衰退甚至可能有利于公司，因为它迫使许多公司退出（从而减少竞争），它还可能创造新的途径或者压低成本。因此，管理及领导层必须对环境做出快速反应，并在必要时做出新的战略决策。

5) 负债经营

人们还必须要看财务报表，以了解公司。分析负债股权结构及所有债务是很重要的。这有助于了解公司承担的风险。如实地查看资产负债表外的所有负债和衍生品交易也是很有必要的。该等负债及衍生品交易会增加复杂性，由此增加风险。

一个好的方法是将公司的财务状况与其他同行业公司的财务状况进行比较。

五、不良证券的估值

不良证券的投资者必须确定证券的价值，以判断投资价值、未来可能发生的情况及如果清盘的话，发给债权人和其他利益相关者的利益会有多少。

对于考虑进行大规模投资或持有一个陷入困境的公司的股份的投资者来说，估值尤其显得重要，必须为此付出相当多的时间和精力。为此，我们首先要考虑适用于一个正常的公司的估值方法，然后再考虑不良资产的特殊情况

（一）为一个正常的公司估值

估值可以由专家小组完成，估值时要考虑购买的目的。专家小组应由会计师、金融专家和技术专家组成，各成员能够从不同的角度对价值进行评估。技术专家在估值过程中有他们自己的角色，他们负责评估贬值资产的寿命和有效性以及技术过程的更新和调整，并对设备、机器和其他物品的可使用性形成独立的意见。

1、估值基础

有几种估值基础。常用的常见的估值方法通常以资产价值或业务收益或两者的结合为基础。

(i) 资产价值

在基于资产价值的估值中，专家们将评估完全拥有产权的土地和建筑的公开市场价值。未过期的租赁资产的市场价值也将被评估。专家们还将评估诸如库存和机器等有形资产和商誉等无形资产的价值。他们将按现有的商业惯例评估它们的价值。现有的惯例在不同的企业间是不同的。

(ii) 资本化的收益值

如果您想以收益作为估值的基础，那么可用的最流行的方法是预先确定你在常规的投资中所期望的回报率。这是你投资于购买该企业的资金的简单回报率。

(iii) 市场价值

这将只适用于如果你是购买一家上市公司。市场价值是上市公司的股票在股票交易所的报价。然而这个价值并不完全反映公司的真正价值。还需要考虑各种无形因素，比如管理能力、行业前景、区位优势等无法量化的因素。如果你想在此基础上预测出公允价值，那么你必须确保诸如波动或变动的此类临时因素通过一段时间内的平均报价得以消除。你不应该认为这是一个很好的估值基础，除非该公司的股票有一个广阔的市场。你可以在净资产或收益的估值基础上参考市场价值。

(iv) 投资价值

投资价值意味着建立一家公司所花费的成本，包括由所有者投入的初始投资和应计利息。

(v) 帐面价值

账面价值代表折旧后的资产的总价值，但包括重估价值。这或许为你确定你应该为此公司支付的价格提供了一个公平、公正的基础。

(vi) 重建成本

这种方法以复制公司的财产或重新构造一个类似的公司所需的现时成本为基础。它不考虑无形资产。这个估值基础是初步谈判估值的一个好方法。

除了上述的几种基础，还有一些其他基础。全球最受欢迎的三种估值基础是基于资产的估值、基于收入的估值及基于市场价格的估值。

上市公司和非上市公司的估值方法有所不同。上市公司的股票在证券交易所有报价，且股票是很容易获得的。你可以在证券交易所购买和出售这些股票。股票的市场价格反映其价值。可以假定，所有提供给投资者的相关信息都反映在市场价格中。但你不能完全依靠股票的市场价格，有两个主要原因：

1、公司的正确信息可能不会完全提供给投资者。
2、内幕交易可能会导致市场价格扭曲。

当给非上市公司估值时，公司分析包括股权模式、投票权等及行业分析，比如行业的性质、竞争等因素都应被考虑进估值中。

2、基于收益的估值

基于收益的估值是一种流行的估值方法。投资者投资于公司的预期投资回报率被当作等于简单的资本投资回报率。诸如税收、优惠红利等从公司的最后公开收入中扣除，用净收益来估值。你应该谨记，这个估值是基于公司的过去业绩，但对于公平的估值来说，可靠的未来收益预测是必要的。

收益分析

每股收益（EPS，Earnings per share）是可分配给股东的收入，它体现在股票的市场价格中。这种关系（P／E）被称为市价盈利率。市盈率（P／E）由股票目前的价格（P）除以每股收益或P／EPS。P／E的比率越高，则企业的未来收益将增长，而低的P／E表明未来收入不景气。这一比率的倒数（即EPS／P）描述了收益。

股价（P）可以确定为 P＝ 每股收益（EPS）X 市盈率（P／E）

或P＝   EPS

盈利回报率

当计划收购时，市盈率为收购者作出决策扮演重要的角色，尤其在以下几个方面：

☞ 目标企业的P／E比率是退出率，且较高的该比率意味着收购者必须花更多的钱。如果目标企业的退出率小于收购者的比率，那么两家公司的股东都获益。另一方面，如果目标企业的P／E比率高于并购的比率会导致每股收益的稀释，对股价会有负面影响。

☞ 通过股票——股票交易，一家公司可以通过以低于其自己的P／E收购另一家公司而增加其每股收益，该目标公司的收益以高于其现有资本化率的比率被资本化。上述原则体现在下列的例子中：

7

例A:

在下面的表1中，左边显示出收购前的公司数据，A是收购公司，T是目标公司。A获得T的股份-股份交易。右边是收购后A和T每股收益的合计。

股份交易比率计算如下:

T的市值=T的股份数量 X T的股票价格

  = 5000 * 15 = $ 75,000

T的股东将以A目前的股价每股 20 美元获得A价值$75,000 的股份，即 75000/20 = 3750 股。

或T以每股$15 的价格出售股票给A，换股比率将为 15 ÷ 20 = 0.75，公司A的 0.75 股等于公司T的 1 股。公司A的总共 3750 股（.75 x 5,000）将必须被发行，以获得公司T。（公司合并后的总股数为 10,000 +3750 = 13750）

表 1

	收购前		收购后
	收购方 (A)	目标公司 (T)	合并后 (A+T)
股份数量	10,000	5,000	13,750
总收益	100,000	50,000	150,000
每股收益 EPS	10	10	10.91
股价 (MPS)	20	15	

收益率 P/E (P/EPS)	2:1	1.5:1	
		(退出率)	

现在，并购对A公司股东的影响可以计算出来了。以并购后公司（A＋T）每股收益$10.91为基数，并购后公司的股价可以通过[1]并购后的EPS 10.91乘以A公司的P/E，即 $ 10.91 x 2 = 21.82，它清楚地表明A公司的股东每股比并购前的市场价$20 多获益$ 1.82。

并购对T公司的股东的影响也可以分析如下：

T公司股东的市场交换率= 15 ÷ 20 = 0.75
新的EPS 0.75 x 10.91 = 8.182

目标公司的股东还没有获利，因为每股的收益下降了$1.82。A公司的股东通过并购在并购后的公司中已经获利，因为如上所述的原理(i)，目标企业的退出P／E比率是低于收购者的P／E比率。

假设公司T要求以每股 22 美元的价格而不是 15 美元的价格，则公司A 的 22 ÷ 20 美元或 1.1 股份额为T公司的 1 股份。总共(1.1×5,000)或 5500 股将必须被发行，并购后的并购公司的每股收益将为 150,000 ÷ 15,500 或 9.67 美元。这表明公司A在收购T公司之后的每股收益被稀释了 0.33 美元。A公司的市价盈利率为 2:1。并购后公司的股价为 9.67 * 2 = 9.67，这表明公司并购后股价下降了，因为目标公司的P／E比率比收购公司的高。

收益分析的局限性

在上面的例子中，问题的一个短期视角是，假设目标公司的收益以更高的市盈率被资本化。如果这个假设是没有约束的，且公司A和T的加权平均收益能够获得，则对股东损益的影响可以评估如下：

---

1   表格来自印度孟买的律师R.B. Vakil准备的笔记。律师Vakil是一家公司的律师，并是兼职法律教授。

并购后A和T的收益加权平均数 =(2×10,000)+ 15,000 +(1.5×5,000)+ 15,000 = 7/3 + 1/2 = 1.8

A和T并购后的并购公司的市场价值= 10.91 x 1.8 = 19.64

在现有的交换比率为(15÷20)，即 0.75 的情况下，目标公司股东的市场价值为 0.75 x 19.64 = 19.64，而不是每股 15 美元。这意味着任何一家公司的股东都没有获利，即便在收益的基础上使用了资本结构比率的加权平均。

简而言之，获得的结果是基于当前的收益，这不太可靠。公司的增长反映在未来收益当中，但未来收益没有被考虑进去，因此估值是有误差的。因此，对未来收入的预期是合理估价的先决条件。除此之外，还有其他影响以收益为基础的估值的因素，且该等因素应引起金融分析师的关注。

影响市盈率的因素

下列因素会对以收益为基础的估值产生影响：

1) 风险——风险越高，收益越高，则市盈率较低，反之亦然。

2) 异常增长——较高的异常增长带来低收入和较高的P／E比率，即它描述了低风险的因素。

3) 收益的随机波动影响市盈率，即收入下降导致股价下降，导致市盈率上升，而收入上升会导致股价上升及市盈率的下降。为了避免波动的影响，一段时间的收益用于替代目前的收益。

3、基于资产的估值

非上市公司以资产为基础的估值通过从不同角度与上市公司作比较完成。资产的实际价值可能会或可能不会体现在股票的市场价格中。

你应该应用下列标准来为非上市公司估值：

1、公允价值

2、公开市场价值

(i) 公允价值

当公司的市场价值独立于其盈利能力之外时，或许这个标准是适合的。公允价值代表整个公司总价值的相应的股东所有权。

(ii) 公开市场价值

这是指公司的资产价格可以通过买卖谈判来获得或实现，在这种情况下，是假设有一个有意愿的销售者，财产自由地在市场上公开出售，销售可以在合理的期限内进行，在这段时间内，订单将保持不变且连续不断。如果公司的资产不能以这样的方式出售，则应以折旧或重置成本来评估资产。公司的每项资产通常在清算的基础上以转售物品的价格做评估，而不是在持续经营的基础上进行评估。商誉等无形资产也将按照正常的行业惯例被评估。

（二）为一个处在困境中的公司估值

一般的估值方法也可以使用，但必须认识到估出来的值可能会不稳定。因此必须运用多种方法，而不是依赖于单一种估值。估出来的值必须与市场价值进行比较，如果可获得市场价值的话。最后，可以得出一定范围内的值。

1、持续经营方法

用这种估计出来的公司价值，是假设重组后的价值，并假设重组是成功的且公司恢复业务。

公司的价值可以用多种方法来估量。

FCF——自由现金流量的价值——必须为公司未来数年直至永久的时间确定自由现金流量。首先要查看历史结果、重组过程和其他因素以估计未来几年的利润。该等估值必须进行调整以得到自由现金流量。该等估值还应以加权平均资本成本折现，以获得现值。加权平均资本成本可能要调得比正常值高些，因为与财务危机有关的风险更高。现有资产的价值必须被添加到现金流的现值当中，以获得公司价值。

2、清算价值/破产企业的财产清现价值

如果公司被迫立即出售其所有资产，这时的价格就是清算价值。一家正常公司的清算价值比其市场价值小，但对于一家陷入困境的公司来说则相反。

如果一家公司在处置其资产时，能够以有序的方式寻找出价最高的人，那么它需要一段合理的时间。但如果一家陷入困境的公司需要紧急出售其所有资产，那它只能获得较低的价格。

可以通过估计这些估值的概率来得到最终的估值。一定范围内的估值强于点估值。然后将此估值与市场价值进行比较。

在这些估值中，有许多假设，因此像蒙特卡罗模拟方法这种模拟试验可能会被使用。

六、财务危机的迹象

一个公司能否在一个高度竞争的商业环境里生存下来取决于许多因素，主要有以下几个：

- 公司成立时的健康状况——它的成立是否经由好的赞助商及好的资本承诺支持？

- 公司的持续经营是否能够产生现金？

- 是否能够从外部资源获得及易于产生现金？比如债务市场、投资者和资本市场等。

- 面对不可预期的现金短缺时，公司的财务能力和持久力如何？

当一家财务健康的公司变得越来越深地陷入财务困境时，它就落入了一个危险的境地。这可能会导致无力偿还债务及破产。在公司运营期间必须重组并进行资本结构调整。有很多公司由于不努力试图治愈它们的财务问题而无可避免地破产。

大多数迈向财务危机的公司都有其类似的、可识别的特征。现金可能是最重要的原因，因为当一家公司没有足够的现金以支付其债权人、员工和其他债务时，它可能是遇到了大麻烦。因此受损的现金流可能是最大的警告信号。

识别早期的预警信号可以获得纠正问题的机会，因此有利于债权人和公司。但这些公司的另一个主要特征是否认——拒绝接受它们当前状态。

这些预警信号包括：

1. 无力偿还债务到期时，该公司是否采取了一些措施。

2. 无力支付债权人的债务、税收和其他债务，包括运作费用。

3. 管理不了解公司的主要财务统计数据，比如利润率、增长率等。

4. 继续过度借贷，主要是为了支付运营费用。

5. 延迟提供财务信息，特别是与税收有关的信息。

6. 员工和管理层职员离职。

7. 行业问题，比方监管限制，可能会影响到整个行业。

8. 被分析师和评级机构下调评级。

9. 存在许多债务，包括表外负债和复杂衍生品交易中的交易。

七、预测财务危机的模型

我们用不同的因素来衡量一个人是否健康。就像我们不依赖于任何单一个因素一样，同样地，决定一家公司是否健康，我们需要考虑几个因素。

（一）基于比率/ 数字的分析

以下是一些比率/因素，该等比率/因素可以从财务报表中看到，通过该等比率/因素，投资者对公司未来可能会面临的财务危机水平会有一个概念：

1、资本结构-

主要有两个长期融资的来源——债务和股票。一家公司要做的一个最重要的决定是在其资本结构中负债与股东权益的比例。债转股（D／E）和债转全资本（D／D＋E）等措施在此会被使用。债务的成本（利息和本金偿还）是固定的，且必须在给股东支付任何款项之前被支付。用于衡量公司偿还利息的能力的一个指标是息税前收益（EBITDA）/利息的比率，EBITDA 是利息、税收、折旧和摊销前的收益。如果 EBITDA 小于利息支出，则该公司存在财务危机。

2、财务杠杆-

这涉及在资本结构中增加债务的比例及减少股份的比例。这样做的好处是在上行期间，股权持有人的收益被放大。但缺点是在下行期间，损失也会放大。因此，当公司负债更多的时候，风险也更大。

3、资本充足性-

这关系到一个公司是否有足够的资金来支付其未来的支出计划所需。这可以通过研究未来规划的运营现金流和资本支出看出来。如果流动资金不足，则公司必须发行新股票或提高债务。如果是提高债务，那么资本只能通过提高公司的负债能力来实现，负债能力是用持续经营的盈利来偿还负债的数额。

（二）预测模型

预测模型已被银行、机构投资者使用了很长一段时间，以减少持有可能亏损的证券。主要有三种被使用的模型：

1、统计模型

这些都是基于财务比率,因此几乎没有空间概念理论在这里失败的公司。在这些模型中,有三个子类别：

(a). 单变量模型- 它使用单一个变量来识别财务危机。虽然这个方法有合理的成分，但其主要缺点是使用不同的变量会得到不同的结果。它也无法提供该公司面临的风险和危机水平。

(b). 多变量模型- 这个模型优于单变量模型，它考虑了风险的多个变量。最流行的这类模型是由爱德华·奥特曼发展出来的 Z 分值。它已经被证明是非常成功的。几年后，奥特曼做了一些修正，并发现了 Zeta 模型，该模型有一些不同的变量。该等模型提供了相对于标准而得出的一家公司的风险水平。但是它们有一个主要缺点——它们假定样本数据中的变量是正态分布。这些类型的模型都是多重判别分析或简称为 MDA。

(c). Logit Analysis 对数分析- 这种方法被发展出来以克服多变量模型的上述问题。它提供了一家公司破产风险的概率。它也是以财务比率为基础，高等财务比率与一个指数函数相关。这种模型在前些年非常受欢迎。现在它与被称为神经网络（详见下述）的其他模型可相比较。

2、赌徒的破坏模型

这是基于公司的清算净值或 NLV（总资产清算价值减去总负债）。NLV 受现金流和现金流的变动影响。当 NLV 变成负数时，有可能会破产。使用一种被称为安全指数的统计方法，可以预测破产或倒闭将会发生的时间点。

3、神经网络

自 1990 年以来被开发，人工神经网络或简称为 ANNs，是存储信息的计算机，它能够识别模式，并从中"学习"，它能够为未来构建新的模式。不像以前的模型，它们的数据需求较少限制，能够处理复杂的数据关系。它们的一个缺点是不显示每个独立变量的权重。

八、投资于问题证券

在同一市场上，对一些投资者来说是沮丧的坏消息的消息对其他投资者来说可能会是一个很好的机会。许多机构或个人投资者被监管约束或其投资政策声明（IPS）禁止投资投资级别低的债务。事实上，当债务从可投资级别变成低投资级别时，他们被迫出售债务，而这时可能是最糟糕的出售时间，因为那时有大量的"痛苦"在出售。银行、供应商和其他债权人可能更喜欢将他们的债权转换为现金，而不是通过一个可能是旷日持久的过程。因此，这为便宜货寻找者创造了机会。

对于在信用分析、估值研究、法律和破产程序方面具有专业技能和深度经验的人来说，不良证券可能是他们获得丰厚收益的机会。投资者必须分析不同状况的潜在结果以及公司的清算价值。至关重要的是要做完整的尽职调查，了解问题、债务结构、核心竞争力、管理及人员等状况。

当投资于公共债券时，它被称为不良债务投资或高收益投资。当投资于股票时，它被称为孤儿股票投资。它们被称为孤儿股票，是因为它们被一般投资团体所放弃。

（一）不良债务套利

这包括购买陷入困境的公司的债务和卖空股票。债务是以折扣价购买的。在这种情况下有两种可能的结果。

如果公司试图改善情况，对债券会有更多的信用改善，因为债券的债权更高一级。公司将停止支付股息，但将继续支付利息和本金部分。

另一方面，如果公司的形势恶化，投资者希望股权部分下降的比例大于债务的部分，其股权部分处于不利的状态。

（二）积极投资

这种投资路线通常是被私人股本投资者采用。这里的投资者通常成为陷入困境的公司的主要债权人，以获得对董事会的影响，从而影响决策。如果公司已经进行清算或重组，投资者则试图在债权人委员会中获得一个席位。其目的是通过做出更好的决策或更有生产力地配置资本提高公司的价值。

在预先准备的破产中，私人股本公司寻求在上市公司的不良债务中占据主导地位。当协助该公司重回良好状况后，私人股本公司可以给私募股权公司获得一个好价格。

这类投资者非常积极主动地致力于提高陷入困境的公司的价值。有时候他们也被称为"秃鹰投资者"。

九、投资不良证券的风险

(1). 流动性风险

这可能是这类风险中最严重的风险。这种投资的流动性比其他投资的流动性小很多。但近年来这种风险有所减轻。

(2).　事件风险-

陷入困境的公司更容易受到公司或特殊风险事件的影响。它与一般的市场没有太多关系。因此，投资者需要更多地研究公司的状况，而不是市场状况。

(3).　市场风险-

经济、国家、国债和股票市场的总体情况也会有影响，但并不重要。

(4).　法律风险-

陷入困境的公司进行清算或重组的过程所需的时间可能不确定，且由于诉讼的关系，会有很大的不确定性。由于主审法官在决定投资结果的过程中承担重要的角色，因此这也被称为"法官因素风险"。

(5).　税收风险-

政府如何对各种交易和投资进行征税也是投资者要面对的一个挑战。

十、不良证券投资的特征

对于参与项目组合管理和分配过程的投资者来说，重要的是要认识到这类投资有着不同于其他资产类别的特征。

这类投资的回报并不呈正态分布，即不是钟形。这是因为它有负偏态（负回报的概率更多）和高的峰度。

由于这些证券交易不频繁，因此难以估计其真实的市场价值。这给估值这带来一个问题，因为没有这些证券的市场。且由于价格数据是过时及不连续的，这使它看起来显得风险较低。所以说风险可能被低估了。这种结果使夏普比率（单位风险的超额回报）被夸大了。

一个特定的不良公司投资是否成功取决于很多因素，主要包括可能需要很长时间的法律程序。还必须了解有关的其他主要投资者或债权人，因为他们可能会迫使作出对证券价值有重大影响的其他决策。

因此，投资者必须做大量分析，包括法律、财务、运营等方面的分析。投资者必须了解运营不良的原因及改正的方法。因此，尽职调查是非常重要的。

十一、尽职调查——分析陷入困境的公司

尽职调查是对一家公司的分析和评估，其目的是拟出适当的投资策略。应了解影响公司短期和长期运营的所有问题。分析必须包括各个方面——金融、法律、市场、人才、经济、政治等。

当决定与一家公司发生关系时，必须做尽职调查。无论是投资或不作为首要的投资项目，尽职调查都有助于思考投资多少及投资的种类。

以下是尽职调查及必须回答的问题的一些关键点：

1) 公司的历史-

在进行一项投资之前，必须研究和了解公司自成立以来的历史及对其影响的所有问题。

2) 管理/领导力-

这可能是非财务调查方面最重要的方面。如果最高管理层是健康的、稳定的，它会对整个公司有积极的影响。必须了解他们的经验、质素、承诺的水平、在业内的声誉等。还应了解管理层或董事是否能够从其他公司/行业获益。

3) 经营模式-

迄今为止，公司运用了怎样的商业模式或战略计划？为什么会失败呢？如果用新计划替代，又会怎样？该公司是否已经严重负债？

4) 商情预测-

关注提供的产品或服务。竞争产品或替代产品的价格及供应情况是怎样的？这个行业的政府规定有哪些？如果允许外国公司进入这个行业，则该行业的竞争水平会增加。

5) 融资-

如果公司要复活，可能需要更多的资金，以进行必要的投资。有哪些资源可以利用？未来可能需要多少资本？

6) 市场评价-

到目前为止，目标客户群是哪些？导致其被侵蚀的因素有哪些？新计划的目标市场是哪些？是否有一个明确的营销策略？有支持新营销计划的资金吗？替代市场的前景如何？

7) 公司文化-

这看起来可能微不足道，但实际上是非常重要的。一旦公司出现财务困境，其声誉会受损，这会挫伤员工的士气，从而进一步降低生产率。因此重振积极有力的文化是非常重要的，以留住优秀员工，避免员工的过度流失。为此，管理或领导团队必须定期与员工沟通，抱持正确的态度并采取适当的激励等。

8) 行业前景及公司在行业中的地位-

这是否是一个会增长的行业？该公司已经是市场领导者或只是其中一个参与者？

9) 财务尽职调查-

这是一个专门的主题，可以分为多个分支：

- **资产估值**-所有的资产价值是什么？包括账面的和市场的。如果有任何不应再被使用的多余的资产，则它们的价值必须被确定，且必须做出相应的调整。

- **负债估值**——所有负债必须被识别，其价值也必须被确定。必须包括所有偶然负债和任何表外负债。

- **财务表现的历史**——查阅公司成立以来所有关键的统计数据和业绩是一个好主意，特别是最近五至十年的资料。这可能会显示出公司和行业的一些模式。必须考虑新的资本是如何获得的、运用了多少杠杆、回报是如何产生的、那些是成本部门及哪些是创收的部门等。

- **财务预测**——这主要涉及公司的运营支出和利润。必须至少足以支付财务复苏。

- **与同行业其他公司相比较**——必须关注并尝试了解影响可比公司的所有因素。可以看看它们的公司大小、绩效指标。获得其他公司的估值是有用的，这将有助于确定有问题证券的购买价格。

10) 法律尽职调查-

这通常是由律师来实施，以确保公司不卷入任何严重的诉讼及公司按照管理规章制度正确运营。该项工作必须认真地查阅所有法律文件，包括公司章程、雇员和其他各方的合同、财务文件、税务文件以及涉及董事和股东等的文件。

十二、尽职调查的更多内容

在投资者考虑购买诸如一家公司或财产而不仅仅是投资于证券这样的小投资的情况下，尽职调查过程能够获得更多的重要信息。因此如果你是一个潜在买家，以适当的方式找出公司成功的所有关键因素是很重要的。

尽职调查是一个术语，被用于涉及调查公司业绩的多个概念。它一般适用于自愿参与的调查。在特别的情况下，尽职调查是一个过程，通过这个过程，潜在买家为购买而评估目标企业。

尽职调查的主要目的是让你找到你需要知道的所有公司信息并让你基于事实考虑你的选择。如果尽职调查所挖掘出来的信息认为购买是有风险或不良的，且其缺陷无法充分解决，那么你可以退出谈判。你也可以根据尽职调查结果与对方协商购买价格。如果你发现公司有任何问题，你可以通知卖方并进行纠正。

你可以基于卖方的陈述购买公司。但在这种情况下，如果购买后出现错误，你将不得不诉诸法律以拿回你的钱。因此事先把问题搞清楚而不依赖卖方的陈述是有利的。

你应该雇佣律师和会计师来为你进行尽职调查。尽职调查最好请专业人士做，因为它是一个非常复杂的任务，且它可能是购买一家现有公司过程中的最重要工作。最好是让你的会计做财务和税务的尽职调查，让你的律师做其他方面的尽职调查。最终报告应该是会计师和律师的一份联合报告。会计师拥有会计和税收原则的必要知识。律师能够分析文档、合同、执照和公司许可文件等。

十三、独立验证

当你正在进行尽职调查时，你还必须通过检查公共记录进行独立验证。在公司注册处进行搜索将能够查到所有有关文件、公司章程、股权资本、董事、注册地址、信贷机构及资产费用等详细信息。

信用调查机构获得关于企业信用的信息。也还必须对每个董事或个人卖家进行破产搜索，以确定是否有破产申请、接管令或债务清算契据已被登记或正在处理过程中。

你还应该进行诉讼搜索，以确定是否有对抗该公司的判决或清盘诉状。如果该公司声称其为某个贸易组织的成员或获得特殊的认证，那么你应该与相关的贸易组织或认证机构核实。如果该公司表示其坚守某个执行准则，那么你应该与相关机构联系，确认该公司已如实做到。如果该公司需要特别许可证，要核查该许可证是否仍然有效及收购该公司是否会对该等许可证有影响。。

十四、进行尽职调查

你可以通过要求卖方提供信息而开始进行尽职调查。有时卖方可能需要你签署一份保密协议。对卖方和潜在买家来说，买卖正在运营的公司都是非常机密的事情。所有的调查都是在严格保密的条件下进行。举行会议及被共享或观察的信息都被严格保密。

你需要的信息的范围取决于公司的性质及你将投资的金额。但在任何尽职调查期间，以下信息都是必须要调查的：

1、正式文档包括公司组织章程等应当被查看，以确定卖方完成交易的实力及包括任何优先购买权在内的潜在障碍。

2、最近三年经过审计的账目及随后未经审计的账目和管理账目、股本详细信息等。

3、董事和股东会议的记录。

4、公司所需的许可证和执照的详细信息。

5、公司所有借款的详细信息，包括所有债务的期限、债务证明文件、担保书及信用证等。

6、任何未判决的诉讼及受到诉讼威胁的事件、仲裁事件及政府调查的事件等。

7、员工的详细信息，包括姓名、地址、年龄、入职日期、工资、其他津贴、工作职位及纪律处分信息等，如果有的话。

8、所有签署了的合同的详细资料。

9、所有已付税项、应付税项、待付税项及税收争议的详细信息。

10、所有保险和保险索赔未决事项的详细信息。

11、资产所有权。

12、自有及租用的房产及租金、房地产抵押贷款、留置权等的详细信息。

13、公司知识产权。

14、公司的管理结构。

15、业务状况、运营方法、销售和营销政策、主要供应商和客户、市场份额等信息。

一旦你了解了这些信息，您就可以开始进行尽职调查了。

尽职调查的一个重要方面是员工。必须仔细检查所有员工的雇佣条款，特别是董事和其他关键人员的服务协议。确认终止服务的通知期限。至少要确定员工的工资和其他津贴，公司是否有歧视性做法、是否提供了法律所要求的必要的员工福利。

公司的房地产所有权是尽职调查的另一个重要方面。除了验证权属证明文件，还必须对财产状况做一个实地调查。你应该在土地登记处进行适当的搜索，以确定是否有任何不利的房地产留置权、债务或者限制。如果是租赁的财产，你可能得继续租用并承担将来违反租约的责任。因此你要确保房东还没有展开任何没收程序、没有因卖方未能修复破损而导致的未偿债务、到期的房租已付等。检查是否有终止租约的条款。有时候，在租约转给你之前，可能需要房东的同意。检查租金调整的条款。公司的盈利能力受不利的租金调整的影响很大。

至于公司的独立评估和财务信息，必须要做公司的财务尽职调查。聘请会计师来为你做这个工作。在会见会计师之前，拟定好参考条款，以建立实际的时间框架并达成费用协议。

你应该在你的会计师当中挑选人员为你做财务尽职调查，让你的律师做其他方面的尽职调查。这将确保你不会浪费时间和金钱做重复的尽职调查并且在限定的时间内完成各个方面的尽职调查。财务尽职调查的主要目的是获取与公司有关的特定的财务、商业和行政信息，该等信息包括但不限于以下内容：

1、公司章程及结构。

2、公司的资本结构。

3、股权模。

4、股东权利。

5、公司资产和负债的现状。

6、最新的净资产状况。

7、财务状况回顾，包括融资安排、营运资金需求及临时负债情况等。

8、最近三年的损益表。

9、会计政策。

10、公司的税务。

现在，环境尽职调查已成为尽职调查的重要组成部分。环境负债与你的购买相关的原因有很多：

a) 控制某些影响环境的公司活动不断增加并且变得更加复杂。

b) 环境责任保险难以获得。

c) 公众舆论。

d) 在现行法律下，违反环境保护的法律责任将由有意允许污染物留在地上的原污染者承担。但如果无法找到原污染者，目前的所有者或占有者容易变成需采取补救措施的人，该等补救措施的费用可能非常高昂，由此会影响公司的运营底线。

环境尽职调查是必要的，以确定涉及公司并购并成为其环境债务责任人的风险范围和性质。你必须确保该公司遵守了所有环保法规并获得相关政府部门颁发的运营公司所必要的许可证和批准证明。

你的会计师必须调查公司的税务状况。验证信息的准确性是至关重要的。税务尽职调查的主要目的是确定是否存在任何潜在税务责任。税务尽职调查的另一个目的是确保公司的估值得以正确地确定。税务尽职调查将确定公司的税务状况目前是否正常，不久的将来是否可能会有意外的税负责任。运用税务尽职调查来确定节税的可能性，在你购买该公司后，你可以利用该调查成果。

尽职调查的范围基于很多因素，包括交易额的大小、成交的可能性、风险承受力、时间限制、成本因素及资源的可用性等。了解公司的一切是不可能的，但重要的是要足够了解，以将风险降低到你可以接受的水平，让你能够做出良好的明智的商业决策。

在不同的情况下，尽职调查的时间分配差异很大。企业并购的成交时间通常是很紧张的。你应该确保有足够的时间分配给尽职调查。在尽职调查期间，尽可能让所有信息都得到保密。

十五、转机

如果你拥有一家公司的大量股份而该公司在财务上遭遇困境，那么你可以对其施加转机的影响。该公司可能是一家生病的公司，且其生存可能受到威胁。你只有利用你的身份及时进行干预才可能挽救它。你将不得不全力以赴，引领公司进行变革。

企业转机是什么呢？企业转机是企业经济和财务的转变。在转变之前，公司将会处于低潮，其生存将会受到威胁。通过企业转机，所有的衰退成为过去，公司向经济和财务复苏的方向迈进。企业转机并不意味着公司将获得巨大的经济和财务的成功。它可能只不过是让公司的财务得以处在生存的水平线上，公司的拥有者可以接受其财务水平。

a. 准备买一家生病的公司

当你购买一家生病的公司时，你必须确定公司得以生存的适当策略和相应计划。你必须开始找到你的使命。这是企业转机的第一步。一旦所有的事实都被了解后，你必须诊断公司问题的范围和严重程度。

当你购买或接管一家生病的公司时，考虑一家公司是否能够生存下去对你来说是很重要的。接受公司已经生病的事实。一家生病的公司，如果它必须转变的话，它是需要即时的救护的。自我检测及迅速采取行动解决问题的能力是转机成功的重要因素。

对该公司的状况做诊断评估。严重的情形应该成为你心里最重视的情形。试着找出公司生病的原因。评估公司的优势和劣势。

为了转变一家生病的公司，首先你的使命必须非常明确——转变该公司。你应该有计划地转变该公司。你的目标应该被明确地定义出来。你应该努力实现那些目标。有时候你将不得不做出一些艰难的决定，可能并不是每个人都喜欢那些决定。你必须准备采取那些决定。公司成功转机的必要且重要因素是：

1、意图——你应该有意图和意愿。

2、控制和灵活性——如果你想由你自己来转变公司，那么你应该有绝对的控制权。如果你雇佣一位专业人员来做这份工作的话，你一定要给予他足够的灵活性。

3、财务——财务对转机来说是非常重要的。至关重要的是，你要有做这份工作的必要的财务支持和资源。

4、员工——员工在转机过程中起着重要的作用。没有他们的支持，转机不可能成功。你应该激发并确保他们支持你的转机计划。

b. 资金

就像任何商业交易一样，资金在转机过程中起着重要的作用。你应该确保你有足够的资金以实现对公司的转机。如果你的资金用完了，你可能不得不放弃你的转机计划。"三思而后行"应该成为你的座右铭。估量你的财务状况并分析你的资金能够支持公司运转多长时间。导致公司生病的主要原因之一是资金断链。你必须避免资金断链，且同时寻找增加公司资金的途径。

资金是任何企业的生命线。你必须尽快建立起积极的营运现金流量。你必须有现金来实施转机的过程。

c. 缩小规模

通常为了实现转机，一家生病的公司必须缩小规模及裁员。你应该审查企业的产品或服务，看哪些产品或服务销量大且盈利多。必须舍弃不能带来收益且是公司资源负担的产品和服务。

虽然是一个非常敏感的问题，但裁员是实现转机的另一个不可避免的方面。这是不可避免的，你不得不让一些员工离开公司。这可能不是一件令人愉快的事情，但如果你想实现转机，你必须这样做。你将不得不做出一些艰难的决定，以实现转机。解雇对整体生产力贡献较少的员工。

d. 知识资产

分析业务的整体工作，确定公司的几个产品、利润中心或业务单元，它们将会支持盈利的重组的业务，切合你的整体转型计划。这些是知识资产，而不是实物资产，它们是大多数成功的现代企业背后所隐藏的驱动力，通常它们是技能、流程和知识的集合体。这些是你可以运用的武器，它们会成为你的竞争优势，为你赢取战争的胜利。它们可以被使用很长一段时间。

e. 财务和存货

像任何一家公司一样，你应该分析公司最近 5 年的财务状况。你可以从损益表开始分析，尝试找出盈亏点。

检视整个销售趋势及造成企业垮台的决定因素。找出对收入贡献最大的产品和服务及对销售额贡献最大的客户。

你必须检视过去 5 年的资产负债表，找出财务方面的优势和劣势。你应该评估资产的价值，并检查它们是否已被正确地评估。检查应收帐款，看是否要等完成合同或继续履行合同才能收回款项。必须核实库存的准确性。你还应该确定库存是否在库或出租了或是否可出售或已过时了。流动性对企业的成功转型是非常重要的。你的目标是必须从应收帐款、存货、无形资产和固定资产中产生尽可能多的流动性。虽然追回应收账款是很重要的，但你也还是要确保你没有损害你与客户之间的关系。

找出哪些资产和库存是不重要的及可出售的。

28

使用资产负债表找出：

- ✓ 交易承付款项的延迟支付或未支付会影响持续供应吗？
- ✓ 逾期应付款是怎么处理的？
- ✓ 逾期纳税义务是什么？
- ✓ 哪些税收受到威胁？
- ✓ 抵押债项和租赁是期内的或违约的？
- ✓ 丧失抵押品赎回权或收回会威胁到任何抵押或租赁的设备吗？
- ✓ 养老金计划被欠了什么？
- ✓ 公司破产将会怎样？
- ✓ 公司的l流动性是怎样的？

f. 管理变化

或许你想探究公司衰退的原因，但实际的情况是公司的管理层对公司的衰退负有责任。他们是否适当地观察到变化的迹象并及时采取了行动，公司不可能是一成不变的。管理层或许不愿接受这个事实，但事实总归是事实。你将不得不做出一些艰难的决定。你应该更换管理人员，特别是那些你觉得他们将会阻碍转型过程的人。管理层对你的公司转机计划抱持信心是很重要的。管理层应该由有资格及有能力的人组成，他们将能够促使公司成功地转型。

g. 生存计划

当你购买一家生病的公司时，该公司可能已经到达摇摇欲坠的边缘，任何进一步的下滑将敲响其丧钟。公司到了生死存亡的关头。你应该采取紧急措施，以防止任何进一步的下滑。你应该拟出一份生存计划，防止公司业务的进一步衰退，力图在困境中能够维持生存。该计划应该包括财务、市场营销和运营计划，以重组债务、提高营运资本、降低成本、修善预算方案、正确地定价、删减生产线并增加高潜力产品。该计划应该能够克服公司生存所受到的威胁。

h. 与债权人相处

债权人是转机过程中的另一个重要因素。你如何处理这些问题是非常重要的。他们的支持对成功转型是至关重要的。你必须尽可能与他们合作。诚实是最好的策略。把虚假的借口抛掉。明确地跟他们说明此刻你正遭受的境遇及现在你无法偿还借款。把你的转机计划告诉债权人，并寻求他们的合作。请他们坐下来，和他们一起定出还款计划。永远不要被债权人吓倒。他们不会对公司造成更大的伤害。企业的信用评级已经下降。他们相信你的转机计划及对你的能力抱有信心是非常重要的。如果他们感觉你无法偿还债务或他们对你的计划没有信心，那么他们会把你置于破产的境地。当与债权人一起讨论时，要确保你不透露谁是你的其他债权人或供应商。一个心怀不满的债权人可能会与他们联手，将你投入破产的境地。

i. 现金支出

虽然现金对于防止公司进一步下滑是非常重要的，但过量的现金流可能是灾难性的。你必须严格把控公司现金的支出和收入。你必须严格控制现金的流出。对此至关重要的是，你要建立全面的支付机制，确保没有你的知悉及同意不会发生付款。通过了解和控制现金流出，你将能够知晓降低成本的潜力。你必须给所有员工及雇员传达这样的信息：公司现在处在非常时期，必须重新评估原有的消费模式和资本项目。重要的是，你能够快速了解公司及其现金流。你必须确定会计及报告系统是否能够产生必要的数据以形成公司运营所需的生产管理报告，而且你还必须确定该等数据是否准确地捕获了所有公司达成的交易并列出了所有的公司资产和负债。

j. 重组

一旦你有了包含经营现金流的生存计划，你当前的重点应该是重组业务。在你购买该公司之前导致该公司走下坡路的可能因素之一是该公司一定是有些无利可图且消耗资源的部门。缩减公司中无利可图且耗费资源的部门，把所有的资源集中到能产生最大收入的产品和服务中，并使其尽可能地高效。

另一个因素导致该公司走下坡路的可能因素之一是该公司的产品组合是错误的。你的转机过程很可能导致公司产品组合的变化。你可能还必须重新确立产品在市场上的地位。转机过程通常涉及应实施的计划和策略，需要用较少的资源做更多的事。因此你不仅要改变管理层，还必须改变流程以提高工作效率。变革的政策和程序是要花费精力的，需要详尽了解产品、运送系统、人员资格和经营资产等方面的信息。必要时需聘请专业人员协助。

k. 策略回顾

请谨记，有许多问题都涉及公司的转机。人们很容易关注了一个问题，但却忘了另一个。如果你想让公司成功转型，你是无法承担顾此失彼的代价的。你将会时常面临许多战术挑战。你必须同时处理所有问题，进行战略评估，明晰新战略，由此公司的收入将会获得增长，现金流将会顺畅。应抵制所有需要注入大量新资本的策略。请谨记，当一家公司正处于转型时期时，新债务或股本流入可能不一定有效。

l. 市场营销

做好公司产品的市场营销工作对成功转机是非常重要的。只有卖出产品且卖得好，才能够成功地获得周转所需的现金流。你必须精确地定义公司的市场并从其他所有市场退出。很多公司走下坡路的其中一个最常见原因是他们的营销计划是基于过时的或推测的市场数据。你必须仔细地计量现供产品和服务的现有需求。评估公司的市场规模和市场份额。找出增加市场份额的方法。该等工作的结果应该被用于正确地分配资本和人力资源。

公司必须彰显其核心产品的增长。这将有助于向客户、债权人和投资者传递出公司前景明朗的讯息。

m. 沟通

沟通的艺术对企业转机是非常重要的。你必须使与公司有关联的每个人都认识到变革的紧迫性。一切取决于你如何表达。你应该表达出变革的必要性，同时并没有传递出世界到了末日的讯息。你还应该让员工相信，重组对于企业的成功转型是必要的。他们应该对你充满信心。

与客户沟通并采取留住客户的措施是成功转型的关键。没有客户，就没有企业。

在转型的早期，重点是纠正问题、防止进一步的下滑及维持现金流。一旦度过了第一阶段，重心即转向保持资产负债表的盈利及战略措施，该等战略措施包括启动新的营销计划、拓宽业务基地、增加市场份额及新产品等。一旦你扭转了企业，你就可以像任何其他公司一样运营公司，并开始进行投资，以扩大业务。

n. 结论

身处一家陷入困境的公司绝对不是一件容易的事情。你需要具备当今世界奇缺的一些特质——技能、远见和毅力。因此很有可能你听到公司转型失败的故事比公司成功转型的故事多。从成功转型的公司身上你可以学到很多东西。

所有的公司都是由人来经营的。人是会犯错的。因此公司也会犯错是很自然的事情。但公司必须从错误中学习，并应该能够成功转型。

o. 成功的转机

(i) 西尔斯罗巴克公司

西尔斯罗巴克公司一般被称为西尔斯公司，它是企业成功转型一个范例。该公司在顾客是上帝的美国零售界曾享有最高地位。然而由于忽视客户而使公司付出代价。它丢失了它的焦点，公司变得以自我为中心，与不断改变的商业环境缺乏链接。结果丢失客户，失去市场份额，生存面临风险。它的多元化战略有缺陷，冒险闯入几个不相关的领域。它未能感知到零售业及其核心领域的变化趋势。

然而，它成功地实现了自我转机。毫不奇怪，它设法通过重新聚焦于顾客而成功转机。它把所有的力量都转向面对顾客。销售人员及环境变得对顾客有亲切感，丢失的顾客又回到商店。

在实现转机的过程中，它放下了全面出击的态度，识别核心领域，并开始聚焦于其核心领域。它仔细地研究竞争对手及市场趋势。为了让员工将服务理念根植于心，它开始实行包括客户服务衡量标准的员工评估计划，且员工的待遇与该项评分挂钩。努力得到了回报，西尔斯成功地实现了转型。

西尔斯能够成功转型的原因在于，管理层能够认识到家庭中的男人不再是其主要顾客、而女人才是这个事实。由此西尔斯的一切开始转向。

(ii) 玛莎百货

玛莎百货也是一个立基英国的零售业巨头。为了公司转型，玛莎百货创建了一个中央市场部，该部门的任务是找出客户的需求。收集到的数据被用于发展基于客户需求的库存。由于只有客户需要的产品才会被贮存，此项工作也使他们减少了库存的损耗。

在试图转型的过程中，玛莎百货重新部署其业务结构和组织，将其业务分为三部分——英国零售、海外零售和金融服务。这使每个部门都运作得更有效率。这也使得个人问题能够被检测到及去除。

玛莎百货能够理解到从客户角度思考的重要性。它还改变了其商店的外观，甚至开始网络在线销售。

(iii) IBM公司

一个公司的文化会使该公司自满。这可能是导致失败的原因。对于这种企业的转型来说，重要的是他们要改变他们的文化。为了改变文化，有时，领导力的改变是必要的。IBM就是这种改变的一个典型例子。郭士纳能够改变IBM。当他接任IBM的首席执行官时，很多中层经理和高管都是短视的人。他做的第一件事就是重建领导团队。他还为IBM定出策略，改变了非常成功的IBM公司所创建的文化。

郭士纳早年在美国运通公司的工作经历让他派上了用场。在美国运通时，他批准购买IBM产品，因此了解到客户看问题的角度。

他接手IBM后，要求管理者同心协力使IBM成为以客户为中心的计算机服务提供者。IBM降低其核心产品的价格，以保持竞争力。通过改变文化，IBM能够抵御一切阻力，成功地实现转变。

十六、转型-成本重构

一旦一个组织宣布破产，或甚至是在破产前如果管理层/总监检测到财务陷入困境的信号，那就是要快速采取行动的时候了。他们必须首先向内看，去除额外的负担，重新对准组织的目标并重申使命。甚至即将到来的经济衰退的迹象都可能会迫使组织以这种方式采取行动。

处在这样的时刻，要求管理层能够机敏地处理敏感问题，比如劳动力问题和法律遵从性。尽管每个组织所处的环境和行业不同，可能要求有不同的解决方案，但如果有一个重构成本的结构化方法的话，一定会有助于做出适当的决策。

这样的一个结构化的方法应该包括以下流程：

A. 沟通流程——对成本的构成进行适当的沟通；

B. 聚焦流程——聚焦于组织的优势领域；

C. 现金流流程——密切关注现金流，并确保管理好现金流；

D. 成本控制流程——支出谨慎。

虽然无论时势好坏都有一个持续的成本重构计划是一个理想的期望，但需要它的更多时候只是在组织受创的情况下。困境之下需要外科医生精准的治疗。本节假设组织正在穿越困境。医学类比贯穿整个文档，因为成本重构计划本质上正像是做组织的"手术"。

A. 沟通流程

艰难时期需要做出艰难的决定和行动。行动的成功肯定依赖于可以渗透到整个组织的严谨决策和方法。这在本质上是沟通的主旨。这些沟通实际上是进行"手术"之前的预备步骤。有效的沟通让整个成本重构过程充满主人翁的精神。

以下是这一流程的基本要素：

a. 在手术前改变生活方式——注意营养和锻炼，并终止坏习惯。

b. 评估情势及选择方案——融资可选方案、防范风险及优先级的行动等。

c. 准备步骤——评估测试需求、识别影响、确定辅助设备及确定后期的支持系统。

d. 沟通的步骤——正式沟通及非正式沟通。

a) 在手术前改变生活方式：

在启动成本重构计划之前一个管理者能够传递的最佳信息是改变自己的生活方式。就像在医学界一样，进行手术的前几天我们必须改变我们的生活方式。

营养的变化：

营养是高成本的，在紧缩的情况下通常被认为是可以避免消费的"奢侈品"。基本上这些费用都是被高级管理人员和特殊部门消费的管理费用。管理层必须立即修改下列高消费项目：

出差	•减少出差，仅限直接对收入或成本控制做出贡献的重要人物可以出差。 •避免坐商务舱出差。 •避免住昂贵的星级酒店。 •避免昂贵的运输方式。
会议及大会	•缩减管理层及员工在工作场所外的活动。 •减少在奢侈的地方开会。
福利、娱乐和礼物	• 停止举办昂贵的娱乐活动。 •减少发放礼物和赠送，该等礼物和赠送不能对业务的产生做出直接贡献。 •减少捐款，因为该等捐款不是组织承诺的一部分。
通讯费用	•使用便宜的通讯方式，比如IP电话，而不是传统电话。 •鼓励在出差途中使用廉价的通讯方式。

上述项目，特别是如果高级管理层自愿执行的话，将会使现金被用于更重要的项目，并且传递出管理层的认真态度及力图度过困难时期的主动性。虽然一些部门在改变生活方式的过程中可能会有一些怨恨的情绪，但紧缩的措施将会获得所有人的理解，然而谨慎行事还是必要的。

锻炼：

随着营养的变化，必须在手术前进行某些基本的锻炼。实际上这些锻炼是针对"奢侈品"的政策和流程变化的。一些锻炼项目如下：

变更授权的限制	• 诸如出差、会议及大会、福利、娱乐和礼物等费用的批准权限可以从较低级别管理层的批准权限中移除。 • 购买资产的批准权限也可以移至更高级别管理层的权限中。 • 暂时冻结支持部门的资产购买计划。
要求提供特别详细的报告	• 某些报告的报告频率可以调高，比如应收未偿款报告可以每日报告，而不是每周报告。 • 要求提供更详尽的细节——比如超过 30 天或前 10 名最高额的应收未偿款的详细情况。 • 可以为债权人提供应收款的详细内容。
新增审查程序	• 诸如客户计费及日常现金流量表等关键流程的检视可由高级管理层负责。
某些审核的制度	• 制定诸如发票、采购和工资等关键流程的足以保证该流程无漏洞的内部审核制度。

终止坏习惯：

在试验期内管理行为被所有利益相关者密切关注。高级管理团队必须自觉、主动地避免通常可能不会被所有人喜欢的某些习惯。

其中的一些坏习惯如下：

奖金过多	• 应减少或延迟发放奖金被认为远超其对组织贡献的管理层

	和员工的奖金。
不成比例的客户活动	• 避免通过昂贵和豪华的方式博取客户的深刻印象。好的顾客实际上会欣赏降低成本的努力。
不为员工着想	• 高级管理层必须接触员工，确保沟通渠道足够开放。 • 管理层应该以开放的态度听取员工的建议，很多时候员工建议恰 好是解决所面临问题的好主意。
未能遵守某些法规	• 遵守政府法令和法规是很重要的，必须采取谨慎的态度，确保 没有疏忽。在危机的时候，即便是个无意的疏忽也可能是昂贵 或致命的。
为个人目的而使用资源	• 虽然在合并实体的情况下这可能是法律的规定，但实际上有组 织中，避免将组织的资源用于个人目的都是至关重要的。

b) 评估情势及选择方案

　　在启动成本重构计划之前，必须先确定一个精心设计的方案是必须立即执行或可以在一段时间内铺开。结构化的健康检查表将会指出组织现在所处的情势。组织必须考虑的三大方面如下：

融资可选方案方案:

现有的方案	• 假设这是一个短期的危机，该组织能够通过诸如银行的融资限额

	等现有债务或股权安排度过这场危机吗?
正常的现金流	• 评估银行存款的余额、现金和短期投资情况。 • 评估债务人的未偿贷款并看有哪些项目是可以立即收回的。 • 评估债权人的情势、承诺和信用条款。 • 原材料和成品的定位。
未来的展望	• 未来几个月的订单情况。 • 客户的条件及行业情况概览。 • 产品结构与销售结构的对比。
融资可选方案	• 在所有可能的情况下，如果预计基金处在不利的情况，则可选择 替代的融资方案，比如 (a) 来自金融机构的额外限额；(b) 使用短 期贷款；(c) 获得额外的股本融资。

防范风险:

商业周期的延	• 尽管时势多艰，然如果商业周期特别是与销售和采购有关的商业 周期很可能会继续的话，它就充当了内置保险器。
保证安排	• 评估诸如(a)赔偿条款、(b)保证条款和(c)银行担保等条款是否已包 含在与供应商或客户的合同中。 • 如果有不利的安排，必须确定是否能够快速修正。
风险保险单	• 公司是否有诸如利润损失或业务损失之类的保险? • 是否已对发生的损失进行了索赔?

优先级的行动:

风险优先级评级	• 公司的所有风险指必须被评估，以了解风险发生的概率及其对公司的影响。
	• 必须首先处理发生概率高、影响大的所有风险，然后处理发生概率高、影响小的风险，接下来是低概率、影响大的风险及低概率、影响小的风险。
	• 必须准备好一份标注工作的日历表，其中包括按顺序及同时必须完成的行动。必须请项目计划的专家使该列表科学及适当。

c) 准备步骤：

生活方式的改变将会传递出管理层认真致力于控制成本控制及改善盈利的信息。评估活动会清晰地指出组织所处的位置及其优先行动是什么。现在管理必须准备采取决定性的行动。必须进行下面的准备步骤：

评估测试需求：

•风险评估活动可能已在整个组织的水平上完成。必须确定部门或单位需要进行的额外测试。

•必须制定定期检视的程序，如每日/每周由管理层进行的检视。

•必须设计检视的内容。

识别影响：

•当做出诸如削减单位、裁员、调配人员的决定时，必须确定可能产生的劳动力及法律影响

• 以下是影响和舒缓计划的一个范例

影响	舒缓计划
关闭一个单位与当地政府的约定款有冲突	必须向政府官员解释行动的原因。给予晚些时候重启业务的保证。
工会不配合减员的工作	在行事之前和期间让工会参与；在做出决定前进行技能再培训及再调配工作
整个组织的积极性下降	定期的沟通和透明的行动应有益处
来自被出售单位员工的摩擦	让涉及到的员工参与并向其解释出售的正面利益；必须传达延续服务所受到保证的利益；让收购方的管理层向员工讲话。

确定辅助设施:

为了进行成本重构工作，必须确定完整的辅助设施列表。比如：

标注每个行动计划日期的日历表。

提高生产力及减少缺陷的方法，如六西格玛项目。

招聘财务分析、员工激励及法律等方面的专业人士。

与招聘机构合作，帮助被裁员工找到其他工作。

快速进行的健康再检查程序，以确认操作是否得以正确完成及按计划完成。

确定后期的支持系统:

一旦完成了成本重构工作，组织必须再次把关注点集中在营销方面。在开始手术之前，必须准备好一份成本重构之后马上需要进行的工作清单。比如：

- ✓ 新的组织结构、职位和领导人的姓名等
- ✓ 高水平的营销和财务战略战术计划
- ✓ 修订会计流程，以清楚地监控计划成本及现金流是否真实地发生
- ✓ 定期监控及审查程序

d) 沟通的步骤

为了项目工作的成功，必须就"必须知道"及"必须行动"的内容进行适当的沟通。可以通过以下方式沟通：

正式沟通：

- •与高级管理层就工作的整个画面进行沟通，包括影响及预期的最终结果。
- •与相关的管理人员就其行动、岗位职责和预期成果进行书面沟通。
- •列出应采取的行动，并与全体员工沟通。
- •与员工进行互动的会议，通过会议回答员工的问题，解除疑虑。
- •与供应商、客户和其他外部各方就可能对其有影响的决定和行动进行具体沟通。

非正式沟通：

- •管理行为，包括上述的生活方式的改变。
- •安排拜访客户，让客户在市民集会所就其对组织的期望与员工分享。特别是应该鼓励他们就成本、减少废物和质量改进等提出意见。
- •安排有杰出领导人和励志演说家参加的会议，涵盖的主题包括相关的成本意识及如何对待困境。

•警惕在酒桌上"泄漏"具体信息

B. 聚焦流程

聚焦流程着重于将组织引向对迫切需要做的事情予与关注。这在本质上是外科手术的主旨。这一流程结束时，损失的制造者及成本增加器将被逐出组织之外。

这一流程的元素有：

a) 开始的元素

- 基本参数评估

- 划出行动的地区

- 检查脉搏

- 评估周边的风险因素

b) 期间的元素

- 确认被采取的行动

- 沟通结果

- 预期关键的事件

c) 结束的元素

- 流程的确认

- 确认后期运营支持程序按计划进行

- 确认复苏和护理步骤的时间

a) 开始的元素：

在实际实施开始之前，必须再次确定进行手术的准备工作是否都做好了。必须采取以下步骤：

基本参数评估：

- 进行手术的单位的经理是否都充分了解该手术及其后果？
- 单位的经理是否都已承诺他们各自所负的责任？
- 是否与行动计划涉及到的员工、供应商、客户和单位的其他利益相关者都进行了适当的沟

通？
- 在有需要的方面，是否都获得了法律支持？

划出行动的地区：

- 采取行动前，导致成本消耗的单位/地区必须被隔离。
- 应该注意没有波及到其他表现较好的单位。
- 如果手术的目的是控制特定元素或整个组织流程的成本，应该注意运行较好的流程不会受到影响。（例如旅行费用的成本控制可能会导致销售团队减少与重要客户见面、进而可能带来收入的出差。应该明确表示，与客户见面有关的出差是被允许的，而所有其他出差须有特殊理由且只能由高级管理层批准。）

检查脉搏：

- 时机是确保努力获得成功的最重要的关键元素。因此应该检查组织是否做好了准备。
- 关键的检查包括：
  ✓ 沟通是否已被有关各方顺利收到。

✓ 是否出现诸如员工摩擦突然增加、熟客延迟付款、供应商停止支持等现象？——导致这些现象的原因可能是对行动计划的错误理解。

评估周边的风险因素：

• 周边的风险因素必须被确定。在较早的阶段这些因素应被排除。

• 应被检查的一些因素包括：

✓ 单位内的一个或几个关键员工不合作。这可能会给所有的努力造成伤害。

✓ 某些活动的执行的延迟，如应付账款部门员工的减少可能会导致意想不到的延迟支付，这可以会导致完全不好的流言蜚语。

✓ 变革管理程序对某些员工来说是不清楚的。

✓ 战略的延迟——例如多增加一层购买资产的批准层，这可能会使采购时间延长，可能导致一个研发项目的延迟。

b) 期间的元素：

手术开始后，实际行动按计划进行。[这些实际行动将在稍后解释的现金流和成本控制流程里详细讨论]。落实到位的每日和每周回顾机制应该为管理层提供正在发生的事情的图景。虽然一些行动可能还没有到结束的时间，但仍然需要确认所设想的行动确实做了。必须考虑以下元素：

确认被采取的行动：

• 负责经理必须确认行动已按期、按计划进行。

• 高管的监督活动必须保证行动已在进行。

• 如果所采取的行动有延期/修改，需要同样的报道。

沟通结果:

• 必须沟通第一个被削减的结果。或许可以准备好一份周报的样板，并传给各有关部门。比如

　　如果是做降低出差成本的手术，可以将第一周的出差次数及每次出差的费用与前期的报告进

　　行对比。

• 如果在直接实例里观察到任何不利的影响，也必须报告。比如由于收款专员延迟出差而导致

　　的客户延期付款。

预期关键的事件:

• 在后期的行动里如果预计会有任何新的风险，也必须报告。比如劳动法院根据手术前的状况

　　采取了行动，但目前的行动可能还是无法令法院感到满意。

• 确认手术后的现金流和成本状况。

c) 结束的元素:

结束标志着手术阶段的结束及复苏阶段的启动。适当的结束确保早日康复。需要考虑以下元素:

流程的确认:

• 手术的负责高管和主管必须正式签字同意行为已按计划进行。

- 所有计划的更改也必须被确认已被认真完成及报告。

确认后期的运营支持程序按计划进行：

- 后期的运营支持流程，如新结构、新工艺、新政策和报告及审查的程序，必须被启动并确保

   它们的有效运作。
- 原计划所需的任何改动，须与有关权威部门讨论并须执行。
- 被修改的会计和报告流程必须被密切关注，以确保不会疏忽掉任何不利因素。

确认复苏和护理步骤的时间：

- 在很多情况下复苏和结束步骤可能会重叠，但某些活动必须定出适当的时间。
- 比如：
✓ 新营销活动的推出可以等到被关闭单位所有被裁员工离开公司为止，因为它可能会触发新的不满。
✓ 在启动大规模的广告活动之前，必须定出改善现金流的时间。
✓ 重建员工的工作积极性可能需要时间。员工变得充满激情，才可能带来业务量的激增。

C. 现金流流程

在穿越困难时期的过程中，组织仍然处在"在路上"的过程中。在成本重构手术之前、期间和之后，健康的现金流对生存来说都是至关重要的。在启动成本重构手术之时，首先关注费用项目是一种普遍倾向。然而，必须要了解，反映在资产负债表中的"财务状况"将对组织造成很大影响。因此必须首先通过现金流流程看看表里的帐目是怎样的。

这个流程的元素是：

a）政策变化——库存政策、资产政策、信贷政策、人力资源政策和投资政策

b）过程变化——订单至收款、采购至付款、招聘至退休、理念至客户的流程及财务管理流程

a) 政策变化

政策层面的变化必须得以完成，以加强整个组织的现金流流程。关键的政策变化包括存货政策、资产政策、信贷政策、人力资源政策和投资政策等的变化。

下面是一个典型的组织可能会使用的政策变化的检查清单。

政策变化的检查清单

债券与股票融资	• 使用为特定目的的非股权/可转换股票的金融工具。 • 利用备用资金来源，这可能有助于降低资本成本。
债券融资	• 将融资与特定的资产和资产生产力联系起来。 • 使用替代信贷计划，比如信贷和流动资本需求一揽子贷款。 • 改变使用特定债务融资安排的规范。 • 发放资产债券及利用无担保债务。 • 使用长期存款计划。
债权人和其他流动负债	• 改变与主要供应商的信用条款。 • 制定预收客户款项的政策。 • 如果可能的话，收取客户的订金。 • 经销商/特许经销商网络的合理化——按一定的保证金分级。

	• 重新检讨销售计划，如经销商奖金、佣金和保证金等。
	• 改变保证金利息支付的条款。
	• 利用有可能利用的延迟税收益处。
	• 未偿贷款付款周期的偿付日期表。
	• 建立以某些费用的准备金提取为基础的规范。
员工费用	• 员工可选择的延期付款计划和股票计划。
	• 奖金政策包括表现标准。
	• 改变海外的人员配置及国际出差政策。
	• 改变长期的员工福利，如养老金、退职金、离职兑现、递延酬劳等。
	• 改变员工预付款和出差预付款的政策。
固定资产	• 取消较低层经理的资产收购审批权限。
	• 资产购买的理由更严格，这样只有关键项目得以优先采购。
	• 资产升值或贬值，以反映资产的公允价值。
投资	• 改变短期投资政策，比如国债。
	• 子公司和分支机构重组/合并的可能性可能是合适的。
流动资产、贷款和预付款	• 结合当前需求修改库存持有规范。
	• 修改债务人的信用条款。
	• 修改经销商和客户的折扣政策。
	• 改变客户收款的银行政策。
	• 短期银行存款政策。
金库	• 外汇交易管制——将外汇风险与业务分开，确保保险适当地覆盖所有外汇交易。

	• 期货抵补应收账款和其他资产的政策。 • 外汇交易政策的合理化。
收入和价格	• 重新检视收入确认政策，确认是否所有项目都开出票据。 • 再次检视成本和定价政策，确认是否所有成本都被考虑到，且有足够的利润。 • 设置每个业务领域或产品系列的最低定价和盈利率标准。

b) 流程变化

流程变化应该紧跟在政策变化之后，以让变化得以实施。必须要检视的关键流程包括订单至现金、采购至付款、招聘至退休、理念至客户等流程及财政管理流程。

流程变化的检查清单

债券融资	• 有效地利用金融工具，比如票据折扣，这样有助于现金流的健康，同时使利息成本最小。 • 改变使用资金的批准权限。 • 视情况，推迟新贷款。
债权人和其他流动负债	• 限制采购，购买提供有竞争力价格的一些供应商的商品。 • 用国产商品代替昂贵的进口商品。 • 检查保修合同及年度保养合同的准确性和完整性。 • 提高审查和批准经销商/特许经营商的奖金/佣金的水平。 • 加强对费用增长过程的管理，以确保及时入账，避免出现惊人的前期费用。

员工费用	• 延迟发放管理层的奖金。
固定资产	• 延迟资本资产的购买。
	• 加强资产利用率的监测。
	• 内部资产的创造，比如可申请专利的项目及可获益的项目。
	• 延迟添加资产及收购的计划，如果可能，进行中的资本工作交替进行。
	• 确保所有资产都登记在册。
	• 进行实物验证。
投资	• 按母公司的规定调整子公司的流程。
流动资产、贷款和预付款	• 更好的内部财产清单质量控制。
	• 预收客户款项的流程。
	• 通过应付账款服务的集中化来控制付款的日期。
	• 改善原料处理及消除浪费。
	• 库存存储的效率以及降低存储成本。
	• 更好的市场状况评估以确定生产规范。
	• 成品的流线移动。
	• 消除/清理滞销的库存。
	• 再评估保存在仓库里的物品的保修期等支持项目。
	• 减少成品的运输时间的可能性。
	• 减少在运输途中的损害。
	• 利用原材料或成品可获得的所有法定益处。
	• 更密切地监控债务人未偿贷款的天数。
	• 为特定目标区域或客户而设的专属收款派车。

	• 客户细分，特别关注付款快速的特别客户。 • 谨慎处理违约赔偿金。 • 通过交替安排减少单位间的资金中转时间。 • 更密切地监控预付款和其他应收款。 • 确保资金不存在中间账户及调节账户。
金库	• 通过持续的监控过程将货币汇率波动的损失降至最小。 • 使用银行和金融机构的折扣及其他类似的安排。 • 银行账户的及时对账。 • 减少银行账户的数量。 • 寻求较低利率的账户。 • 或可使用外汇账户以减少汇率损失。 • 消除/减少预付费用。
收入和价格	• 去除不计价的项目及计费漏洞。 • 监控不开票收入的项目（即只有完成了某些活动之后才能给客户开票据的项目）。 • 附加的计价项目可能被遗漏了（例如安装成本、费用返还等）。

D. 成本控制流程

虽然聚焦流程把侵蚀组织力量的损失制造者和成本消耗者移除了，但不断制造麻烦的成本元素继续充斥整个组织，同样有可能再次把组织拉下水。因此，手术流程必须包括所有普遍的成本控制流程。

这一流程的元素包括：

a) 成本分级——易受奢侈品影响的、基本及可延期的、基本且现在必须用的及强制的成本元素。

b）持续的成本节约识别流程。

c）执行和监控流程。

d）识别战略投资机会的流程。

a) 成本分级

当我们试图控制开销的时候，我们必须要了解产生了"什么"成本及成本是在"哪里"产生的。一般来说，从已公布的会计账目中可获得是"什么"成本，从细分报告里可以部分地了解到成本是在"哪里"产生的，但需要进一步探讨是在组织内的哪个职能部门中产生的。

"什么"成本?

详细的法定分类试算表清楚地显示出产生了"什么"成本。成本元素通常按职能项分类，比如销售成本、营销费用、管理费用、财务费用等。这是为了法定报告和分析的目的，但当谈到成本重构时，需要用不同的分类方法来看成本。

一种成本分类的建议如下：

易受奢侈品影响的 - 那些倾向于在旺季时上升的（例如商务舱航空旅行）；

基本及可延期的 – 那些对业务至关重要但可以推迟到晚些时候的（例如对某些不太常用的机器的保养工作）；

基本且现在必须用的 – 那些必须产生的（如工资和薪酬）；

强制的 – 遵从某些法律或会计准则而产生的成本（如运营前的费用摊销-以保持一致性）。

如前所述，在启动成本重构前的"生活方式变化"的过程中，"奢侈品"必须首先被检视并尽可能多地被消除。接下来要检视那些可以推迟的成本，然后是其他成本。

成本在"哪里"产生?

这不仅关乎成本元素；导致成本产生的"成本对象"也必须被仔细审查。组织称这些"成本对象"为成本中心、利润中心等。理想的情况下，应为每个成本对象准备好预算。但在危机时期，可能要削减预算。在实践中几乎不可能按一个标准全面降低成本。在做出决定前，我们可能要检视每个部门的成本并按上述分类确定是"什么"成本。对成本对象进行分类是有益的，分类可导向更好的关注。

一种"成本对象"的可能分类如下：

集团/企业成本对象（例如执行总裁的办公室、内部审计部门、企业财务部门）；

场所成本对象（例如多个部门使用的办公空间、销售办公室、制造工厂）；

业务单位成本对象（例如纵向的业务及软件业务、制造单位的生产线）。

.

b) 持续的成本节约识别流程

经济学对"成本"这个词的定义是已被应用到生产某种东西的过程中且因此无法再被使用了的金钱的价值。因此成本一旦产生，就是永远失去了该成本。组织所能做的就是：

降低成本——节约/降低现有的成本；

控制成本——避免/减少潜在成本。

组织总是具有谨慎的"文化"是很重要的。生活方式的改变及在"沟通流程"里讲到的沟通等已树立了成本意识的文化，必须有一个"持续的成本节约"流程以获得持续的成功是很重要的。

实施典型的计划-实践-检查-实干（Plan-Do-Check-Act）综合计划（PDCA）是建立谨慎文化的最佳方式。

PDCA必须包括以下几点:

计划:

组织结构变化	• 再检视每个角色的权力、责任和职责。
	• 减少组织的层级，增加较低层级员工的职责。
	• 建立伴生的角色，如伙伴、良师益友和跨职能检视者等。
	• 设立申诉专员的职位，较低层级的员工可以自由地向申诉专员表达他们对高层管理人员的所作所为的看法。
	• 给关键职位配备胜任的人才。
	• 引入计划周期的日历，如按组织的业务周期设计的周历和月历。建议使用更频繁的计划周期。
流程设计	• 重新检视所有的关键业务流程。整合流程中的内部及成本控制指标，这样每一步骤中的超标都会在后续的步骤中被自动检测到。
	• 可以采用基于成本的活动和六西格玛方法。
财务计划	• 从传统的预算转向结合完成收入的动态预算。所规定的成本预算不超过收入的特定比例。

比如：

收入

100

120

　90

销售成本

50% (50)

50% (60)

50% (45)

销售总务及管理支出

30% (30)

30% (36)

30% (27)

利润

20% (20)

20% (24)

20% (18)

[每个公司和行业都有其自己的个别比率，在此不可能给出所有适用的比率。]

• 收入目标的确定是基于市场潜力和市场领导地位，而不仅仅表明其与前期相比的增量。

• 带有为未来投资性质的成本必须从不同的成本对象中计算，且被与常规的运作分开监控。

• 以四种分类（易受奢侈品影响的、基本及可延期的、基本且现

	在必须用的、强制的）为基础的平行成本分级报告应当为每个
	成本中心经理准备好且在此等项目下的计划成本必须被监控。
管理系统	• 组织可以采用全球最好的管理系统，比如ISO、CMM等，该
	等管理系统有助于建立最佳基准及持续赶上最新的管理趋势。

实践:

组织结构	• 按计划部署结构。
	• 为对所进行的变革有疑问或抵触的部门引入一个好的变革管
	理过程。
	• 如果有需要，给那些改变有困难的成员提供指导，并帮助他
	们适应新的环境。
	• 能力验证计划包括成本控制和成本计划的知识。
流程	• 所有的工作必须按计划周期日历的标注进行。
	• 数据采集机制必须在流程中被整合，以便在活动结束时有助
	于准备好检视所需的报告。
财务	• 基于较早期的计划周期的表现及该计划周期的预期表现分配
	资金。
	• 所准备的报告必须与计划一致且必须涵盖所有计划的项目。

检查:

组织结构	• 每个计划周期末都进行检视。
	• 对偏离计划的所有情况都进行根本原因的分析。
	• 高级管理层通过定期核查严格把握标准。

流程	• 必须详细检视通用的标准，比如体积、周期时间、精度、效率和有效性等。
	• 一年至少进行一次包括所有流程的系统和流程审计。
财务	• 必须给有关的成本中心经理分发主要财务报告，以期获得他们的审核及行动。
	• 根据业务周期，一年至少进行一次关键业务领域的成本审计。
	• 一年可进行一次企业健康检查。

E. 结论:

本节旨在成为适用于所有组织的一个通用模型，无论组织所处的行业、地理位置或性质。因此该模型可能没有涵盖与组织有关的细节。它提供一个整体的方法，可以按实际需求调整。参考来源于各种公开发布的账户，特别是各种成本元素。医学专业的手术流程也被参考。但这些都是一般条款，不构成任何特定组织的知识产权。

十七、合并、收购及接管

陷入困境的公司因其估值低或讨价还价的能力低而往往成为合并或收购的目标。作为一名投资者，你可能想通过将你现有的企业与一家生病的现有企业合并而投资一家陷入困境的公司。如果你没有一家现有的企业，你可以收购或接管一家生病的现有企业而成为它的主人。

现在让我们详细地看看这三个术语。尽管被用于同样的语境，合并与收购的含义略有不同。

（一）合并

合并的意思是两个或两个以上的企业合并成一个单一的企业，其中的一个企业生存下来而其他企业不存在了。生存下来的企业获得了被合并企业的资产和负债。通常生存下来的企业是买方，该企业保留其身份，而出售的企业被熄灭了。合并是两个或两个以上的现有企业的融合。在获得现金、股份或两者兼而有之的情况下，一个企业的所有资产、负债和股票被转让给受让企业。

（二）收购

收购是一般意义上的财产所有权的获得。从商业的角度看，收购是一家企业通过购买控制另一现有企业股权。

收购可能会由以下方式而产生影响：

1、与企业管理层持有多数股权的人（比如董事会成员或握有多数投票权的主要股东）进行协商；

2、在公开市场上购买企业的股票；

3、向一般股东发出要约收购；

4、通过私人条约购买新股。

接管也是收购，接管与收购这两个术语可以互换。接管与合并的不同之处在于企业融合的方法，即接管的过程、涉及接管的事务、股票交易或现金价格的决定及融合目标的实现等方面，都与合并的不同。收购的过程是单方面的，要约企业决定了最高价格。与合并的方式相比，在接管的情况下，完成交易的时间较短。

（三）目的

在不同的司法管辖区，提出收购另一企业的企业有不同的名称。在大多数司法管辖区，常见及熟悉的名称是捕食者、要约人、掠夺者等。让与企业被称为受害者、受要约人、目标等等。

你的企业收购另一企业的目的取决于你现有企业的公司目标。它必须决定通过收购要实现的具体目标。收购的可能目的包括：

1、物资的采购

- 保障原材料或中间产品供应的来源；

- 以折扣、节约运输成本和管理费等形式获得经济的采购；

- 通过标准化材料分享供应商的经济好处。

2、改造生产设施

- 通过合并生产设施，更集约化地利用工厂和资源，实现经济销售的目的；

- 标准化产品规格，提高产品质量，扩大市场，通过加强售后服务来提高客户的满意度；

- 获得来自目标企业的改进的生产工艺和专门知识，以降低成本、提高质量及生产有竞争力的产品，进而保持和提高市场份额。

3、市场扩张和战略

- 消除竞争及保护现有市场；

- 通过拥有目标企业而获得新的市场渠道；

- 获得新产品以实现现有产品的多样化或替换产品，扩大产品范围；

- 合理化分销，加强零售渠道；

- 降低广告成本及改善目标企业的公众形象。

4、财务优势

- 提高偿债能力及获得现金的直接来源；

- 处理剩余的和过时的资产；

- 提高借贷能力；

- 获得税收优惠

　　5、总收益

- 改善自己的形象和吸引高级管理人才；

- 提供更好的客户满意度。

　　6、自我发展计划

（四）合并的类型

合并或收购取决于收购企业想要达到的目的。

(i) 同业合并

在同业合并中，你的企业和你想收购的企业有直接竞争的关系，并共享相同的产品线和市场。

(ii) 纵向合并

在纵向合并中，你的企业和另一企业是彼此有关联的。其中的一个企业可能是另一个企业的供应商。

(iii) 市场扩张的合并

在市场扩张的合并中，你的企业和另一企业将拥有相同的产品，但市场不同。通过这样的合并，你可以在其他市场上获得市场份额。

(iv) 产品扩张合并

在产品扩张合并中，两个企业在相同的市场上销售不同但有关联的产品，合并形成一个新的实体。

(v) 集团

在集团中，你的企业和另一企业没有共同的业务领域。

(vi) 善意合并

当你通过谈判并同意另一企业主的意愿而合并另一家企业时，该合并则被称为善意合并。

(vii) 敌意收购

当你不给目标企业提供收购出价提案但却以违背该企业主意愿的方式默默地、单方面地努力追求获得该企业的控股权时，则该收购被称为敌意收购。在大多数司法管辖区，这通常被称为袭击或收购袭击。

在收购袭击中会运用到两个技术。第一个是你发出你的意图的信息，该信息被反映在你收购企业股份以获得对其事务控制权的行动中。第二个是你不经企业主的同意就直接给股东提供收购出价。通常这种出价是提供现金。通过诱导大量股东按你的出价将股票卖给你，你能够获得企业的控制权。这种出价应该是在一段有限的时间内有效，在那段时间内，股份必须被卖给你。

（五）管理收购出价的步骤

请谨记，你的收购出价可能会不成功。目标企业将尽一切可能阻拦你的出价。你必须系统地管理你的收购出价。通常管理收购出价的步骤如下：

(i) 收集相关的信息并对其进行分析

你应该尽可能收集目标企业的所有相关信息。一旦信息被收集到，即请律师、税务顾问和会计师等专家对其进行分析。你应该对该等信息及其分析进行保密。

(ii) 检视股东的形象

你应该检查股东登记表及各股东的档案。你将可以分析出哪些股东可能会接受你的出价。

(iii) 调查政府的记录

你应该调查该企业的政府记录，如果有可能的话，找出妨碍物及该企业资产和负债的情况。

(iv) 公司章程

检查企业的章程。这将让你了解到管理层、董事等的权力。

(v) 在董事会里的代表

你应该尝试并保证你或你的代表属于企业董事会的成员。尝试说服一些其他的董事会成员。这样你有可能得以实施善意收购。

(vi) 获得必要的批准

有些司法管辖区要求在企业收购出价前获得必要的监管部门的批准。

(vii) 发布公告

一旦你获得了监管部门的批准及所有必要的信息，则你应该公布你的出价，以便其他股东了解到你的出价。你也可以放宽你的出价条件。

(viii) 接受的信息

你的出价将只能在有限的时间内开放，在开放期间，股东应该接受或拒绝它。你应该定期公告接受你的出价的情况，这样其他股东能够了解到接受你的出价的反应，并做出他们自己的判断。

(ix) 约定金额

你应该将目标企业股份的约定金额派给已接受你的出价的股东。然后你应该采取必要的步骤，将股份过户至你的名下。

（六）出价文件

当你出价收购另一企业时，你的出价文件必须包含某些信息。该等信息可能因司法管辖权区的不同而不同，但通常应包含以下信息：

(i) 一般信息

一般信息包括你的企业、你的经验、你继续经营另一企业的计划、你成功运营企业的能力、现有员工的用工情况、合并或收购后你准备进行的重大改革及你的出价理由等。

(ii) 财务信息

你必须披露融资收购的方法。

(iii) 出价条款

你应该声明，你将收购股票、免于所有留置权、押记和产权负担、以现金或实物购买股份的总金额、付款方式、形成约定金额的基础、出价的有效时间、出价的附加条件等。

(iv) 你的企业的信息

提供有关你的企业的详细信息，包括财务信息、股票、市场价格及企业状况等。

(v) 盈利预测和资产估值

你应该提供合理的预测及支持该预测的未来增长计划。

(vi) 目标企业的信息

你应该提供目标企业及其管理层现有股权的详细信息。

(vii) 接受的安排

你应该列出接受的各种具体安排，比如认购安排、商业银行家的委任等。

（七）选定目标企业

你首先需要决定的是目标企业将是否和你的企业一样经营同样的业务或是经营另一个完全无关的业务。

如果目标企业经营的业务和你的企业一样，那么你的目标应该是寻求生产和市场的扩大、利用现有的产能及优化资源利用。

如果目标企业和你的企业没有关联，合并或收购将促进生产线的多元化，但存在经营管理不善的风险，除非所有的防护措施都得到保证。

一旦你设立了你的目标和目的，则可开始寻找既定的目标企业。你可以自行安排搜索计划，或可委托中间人提供服务，比如业务经纪人和商业银行家的服务。

如果你想寻求中间人提供的服务，那么你必须详细了解中间人的从业记录、市场声誉、诚实度、可靠性、管理和专业知识等。

（八）商业银行家在合并及收购中的作用

商人银行家是你和目标企业就合并和收购事宜谈判的中间人。商人银行家的作用是独特的，专注于处理合并和收购任务。他们的协助对你及你的目标企业都有益处。作为专家，商业银行家倾向于维护你们双方的利益。他们的作用包括以下方面：

1、遵守职业规范；

2、按步骤行事；

3、选择收购或合并的方法；

4、进行财务分析。

（九）你的角色

你应该严格保守交易的机密，直至交易的最后完成，以避免其他方的干预，避免股票市场上的破坏性交易，防止内幕交易及股东大会的代理人战争。

你不应该绕过任何法令或法律。您还应该确保目标企业也不违反任何法规或法律。

有时目标企业违反法令或法律的行为可能会波及至你。

你还应该做出交易的财务安排。

（十）合并前的调查

在开始谈判前，你或你的商业银行家对目标企业进行以下分析是非常重要的：

(i) 行业分析

行业分析应包括收集并分析宏观信息，以评估收购的盈利前景：

- 行业内的竞争及来自其他行业的竞争；

- 行业内的竞争策略及来自其他行业的竞争策略；

- 行业的销售增长率，销售及利润的参数等；

- 外部因素对增长率的影响；

- 对未来的预测；

- 行业内已发生的合并/收购事件。如果有发生的事件，那么事件的结果是否有利于行业的生存及增长率的维持；

- 行业的竞争对手及专利、商标、版权等的重要性；

- 成功的基本要素及行业壁垒。

(ii) 会计和财务分析

必须收集目标公司及其行业的以下财务和会计信息，以获得比较的观点：

- 财务比率——比照的；

- 资产或净资产的回报率；

- 总利润；

- 净利润；

- 固定费用；

- 估价比率；

- 净速动比率；

- 债务：股本比率；

- 通货膨胀率或其对经营的影响；

- 现值；

- 重置成本数据；

- 未来的资本需求；

- 去年的资产负债表和损益表；

- 财务状况的费用清单；

- 未来的预算和预测；

- 会计买家和卖家的差额；

- 资产的估值——库存;

- 会计政策、折旧政策;

- 坏账规定、不可预测费等;

- 税收:

- 目标公司的税收地位;

- 未付的税额;

- 税款的储备;

- 征税机关报告。

(ii) 管理分析调查

收集的信息包括:管理组织和劳资关系。

- 与目标公司的高级官员面谈;

- 审查他们的业务经验;

- 调查他们的背景;

- 工会合约——罢工历史

- 存在的问题;

- 劳动协议。

- 人事计划;

- 补偿计划和员工福利计划;

- 永久员工、年龄、资历和经验。

(iii) 市场分析

收集的信息应包括以下方面:

69

- 关于销售：产品和营销工厂；

- 销售、利润、生产线的积压工作/月度销售/政府销售/营销和销售机构、销售计划和预测——广告和促销、竞争策略；

- 关于产品：主要产品/新产品开发/过时的产品；产品生命周期和技术；

- 关于客户：客户态度/客户购买力激励计划/研究；

- 趋势：公司/行业及与其他行业的比较。

(iv) 制造和分销：工程分析

收集每个生产设施的以下数据：

- 名称/位置/自有资产/租赁资产/账面价值/公允市场价值/产能/员工/现状/备选物；

- 生产过程；

- 主要材料的供应；

- 物流方法；

- 研发；

- 报告控制——监管机构的报告要求。

(vi) 其他信息

- 库存：低估价值以减少税收及隐瞒收入，存货的高估（由于技术发展、技术变革或新产品而导致的过时）

- 诉讼——负债；

- 财务报表的审查——揭露伎俩；

- 递延研发费用及修理和维护

- 库存储备的释放；

- 不适当的低储备；

- 未披露的会计方法变化；

- 债务、投资报酬率的低估等；

- 进行调查:

- 无法收回的应收账款的记录金额；

- 可疑帐户/现金交易折扣记录不充分；

- 无法了解的投资：在册的非市场化的投资；

- 私人公司的个人支出——减少净收益/误导性信息；

- 未入帐的负债——假期工资/销售收益/津贴；

- 折扣/养老金债务/源于亏损合同的索赔项目/认股权证；

- 不良的财务控制/不良定价/不良成本；

- 一些主要客户；

- 海外业务——海外单位出现财务困难；

- 非正常交易——出售资产以改善行情；

- 税收突发事件

(vii) 经济分析

以下与目标公司的经营没有关联的内容应该被给予特别关注：

- 竞争条件；

- 商业周期；

- 公众（对收购的）反应；

- 政府政策等。

(viii) 非资产负债表因素

应考虑分析上述项目中没有包括的以下因素：

- 证券市场的条件；

- 出价的属性，即（a）现金出价或（b）证券的交换。

（十一）进行初步调查的检查清单

1、目标企业的备忘录和公司章程；

2、企业信息文件；

3、管理文件和协议；

4、企业董事/企业主的贷款；

5、过去五年及本年度的经审计的账目；

6、过去五年的现金流和比率分析及未来五年的现金流和比率分析预测；

7、最近的估值报告；

8、过去五年的财务分析；

9、过去五年包括本年的预算账目及管理账目；

10、过去五年的人员分析，包括生产力、工资等；

11、本年的生产成本及未来五年的成本预测；

12、接下来的五年对资本的需求；

13、接下来的五年的财务预测；

14、折旧政策；

15、生产——产品、厂址、生产技术；

16、销售——市场份额、企业的形象。

（十二）选择合并或收购的方法

根据接收到的目标企业的信息及可利用到的资源，你可以选择以下其中一种流行的合并及收购方法：

a) 现金收购目标企业的股份或资产

你可以通过股票持有者的投标或通过股票市场用现金收购目标企业所有或部分的发行股本资本。你也可以通过拥有分配给你或你的代表的足够数量的新股来获得目标企业的控制权。或者你也可以按协议用现金购买目标企业的资产。现金可以是货币、债权股额或不可自由兑换债券等形式。

在大多数司法管辖区，包括英国，流行的规则是目标企业至少 90%的股东应该接受出价且在指定的时间内。

b)以交换股份或其他债券的形式收购

你可以竞标目标企业发行的所有普通股本。交换目标企业的股份，你必须将你公司的股份提供给股东。像现金出价一样，在大多数司法管辖内，也以不少于 90%股份的股东都接受为条件。目标企业的股东将成为你公司的股东。

（十三）结案

你的商业银行家将会准备一份时间表及完成交易手续的检查清单。在结案的时候，你必须牢记以下几点：

1、对于现金交易的，内容的证书或信件由你及目标企业一起签名。

2、对于出售资产的，诸如销售凭据、协议、转移房地产等不动产的销售协议、租赁转让协议及其他相关的类似文件等文件都应被拟定。

3、裁减缩或解雇补偿的结算文件。

4、从目标企业的账户转款至你的账户的文件。

5、交付完成交易的告慰函，该函必须阐明所有程序都已被执行。

（十四）增效

为了合并或收购的成功，整合和增效是非常重要的。对于每件完成的合并或收购来说，增效作用必须被创建，以达到预定的成功水平。两家企业的管理层/所有者都应致力于融合两家企业的专业知识、资源和产品，以运作得天衣无缝。为了达到增效的结果，你必须有效整合合并企业的资产、业务及人力资源。这需要你付出很大的努力。在融合的过程中，永远都不要犯低估问题严重性的错误。在合并前你就必须做出所有的整合计划。如果你无法实现企业的融合，你就无法获得收购的成功。

如果要产生增效效应并提升股东价值及竞争力的话，你必须适当地将被并购的企业整合进现有企业的运营当中。整合过程的其中一个主要目标是发现潜在的问题，该等问题可能会妨碍合并企业的运营，阻止竞争优势和价值的创建，因此必须确定要采取的行动，解决问题并防止产生其他的整合困难。你可以通过迅速采取行动来提高整合成功的概率。如果你无法足够迅速地采取行动将企业整合在一起，你将会损毁企业起初希望创造的价值。

你的企业及你的目标企业的员工在整合的过程中起着重要作用。你必须记住每个企业的员工都有他们各自的一套信仰和文化，如果你不保持谨慎，冲突可能会在你的企业和你的目标企业各自的信念和文化之间产生。你的目标企业的员工不仅不得不放弃他们现有的信仰和文化，还不得不接受一种新的信仰和文化，这会使他们产生敌意，由此降低他们的承诺与合作，而承诺与合作是合并获得成功的保证。敌意可能导致你的企业与你的目标企业的员工之间的"我们与他们"的对立情绪，这种情绪会给合并带来伤害。

如果与你的企业相比，目标企业的薪酬较少，那么员工希望其薪酬能够上升到一个可能不现实的高度。如果目标企业员工的薪酬水平较低，员工可能会施加不同企业间薪酬应一样的压力。

你必须有一个明确的沟通策略。一个明确定义的沟通策略在消除员工恐惧及粉碎企业谣言方面发挥着重要作用。你必须接触到员工。为了能够成功地沟通，你必须让目标企业的高层管理人员及其他受员工信赖的员工一起参与，比如工会领导人对沟通会有帮助。

(i) 运营

通过有效地组合两个企业的组织能力，你可以创建增效效应。有无数中创建增效效应的方法。如果你把同一业务活动中多个公司的强项或弱项组合在一起，那么创建增效效应的机会是有限的，亦即导致竞争优势和提高股东价值的机会是有限的。这样你的企业最终可能具有相同的强项或弱项。你可以将新成立企业的各种功能活动有机地组合起来，通过规模和/或区域经济带来运营的增效效应。

(ii) 研发

你可以获得研发和技术的增效效应。你可以建立各种活动与研发过程及技术的联系，该等研发过程和技术对各种活动来说通常都是至关重要的。

(iii) 市场

通过将品牌、分销、广告等各种相关的市场活动组合起来，你可以成功创建增效效应。当试图实现这种增效效应时，你专注于某些客户的程度必须足够。应该避免尝试向各种客户销售产品。你还可以合并及共享销售力量。

(iv) 组织

如果两个企业有类似的管理流程、文化、系统和结构，那么你可以获得组织的增效效应。为此，你必须确保两家企业具有高度的兼容性。兼容性的存在会相当迅速、高效及有效地带来可实现的预期结果。

一旦你获得了增效效应，你从增效效应中获得的好处肯定要超过实现和利用它的成本。

创建增效效应对合并或收购获得成功是非常重要的。创建增效效应更有可能促进新成立的企业发展竞争优势、为企业主特别是股东创造价值。

你必须记住，在企业所处行业内发生的事件对合并过程及其成功会有影响。你应该评估该等事件对企业的生产力、核心技能和机会会产生怎样的影响。在挑选目标企业之前，如果整个行业的合并及收购事件风起云涌，那么你应该更谨慎地行事，认真地进行详细分析。

你应该审核通过合并而创造增效效应所能带来的财富增加机会，将之与其他能给企业带来财富的机会进行比较。并购是复杂的全球经济环境中的另一种竞争手段。因此你应该评估一项并购战略的机会成本，将之与其他可行战略选项的成本进行比较。

讨论对创造合并中的增效效应是非常重要的。在谈判阶段，你就需要对增效效应的创建进行广泛且认真的讨论。在你完成合并或收购之前，很重要的是，各方都已知悉能够创建的增效效应类型及快速且有效地产生增效效应所需的行动。

如果你检视各种成功的合并和收购，你将会发现，最成功的并购都有创造增效效应的坚实基础。

当评估在你的企业和目标企业之间产生增效效应的可能性时，你应该努力尝试，并避免傲慢。增效效应是一种难以实现的结果。为了创建增效效应，你必须积极地管理组织的流程。只有通过深思熟虑的承诺和行动，你才可能创造出增效效应。增效效应不会出其不意地发生。

有时通过削减工作也有可能创造增效效应。但这是一个敏感的问题。在评估削减工作的可能性时，你必须谨慎且明智。如果你削减了太多的工作，你可能会因缺乏有竞争力的知识而失败，长期的有效及效率需要具备有竞争力的知识。

（十五）通过合并及收购获得增长

如果你想让你的企业通过并购获得成长,那么你必须决定你是想成为一个活跃的收购者或是一个临时的收购者。

如果你是一个临时的收购者,那么你应只考虑那些积极表现的并购机会。避免主动寻求收购。你应该把你的注意力集中在其他管理问题上,比如创新和内部运作等。如果你发现了一个非常理想的目标企业,你必须充分利用并购专家。这将使你能够限制你在并购过程中犯错的数量,也将确保你能够进行成功的合并。

另一方面,如果你是一个活跃的收购者,你可以考虑收购那些在战略上与你以前收购的企业类似的企业。你可以运用从前期的并购中学到的所有知识和经验。它们将是最相关的。在商业领域,对行业的熟悉能够让你学得容易。

你应该研究和学习其他企业的并购活动,尤其是你的竞争对手的活动。你的个人接触面及各种商贸杂志能够为你提供大量的有价值信息。

很重要的是,你应为合并过程提供可见及和实际的支持。你必须采取深思熟虑的步骤,以促进合并。你必须记录、管理并提供关于合并的所有信息。你应该组建一个并购专家组成的团队,让专家们参与你的所有并购活动。这将确保所有累积的知识将被转移到未来的并购活动中。你应该把并购专家作为有价值的组织资源,而且应该鼓励他们在你的企业里留任。

永远都要记住,即便你实施了成功的并购所需的所有步骤,也并不保证你的行为将能够带来美国通用电气公司收购的绩效,但那些步骤是朝着正确方向迈进的步骤。

有一家生病的公司通过合并获得了转机吗?

2001 年,是信息技术行业的销售和利润都低迷的一年,由于需求缩减,许多高科技公司被迫裁员。两家电脑制造企业——康柏和惠普,面临利润下降及对其产品需求下滑的处境。这两家公司决定合并及在他们的运营和产品中创造增效效应。合并后,这两家公司成功地阻止了下滑并能够更好地管理他们的业务。今天，合并后的企业已取代戴尔电脑公司，成为美国的一号电脑公司。

十八、退出企业

这是关于你投资陷入困境公司的资产并获得预期或最大可能的回报后的出售或清算。开始投资的时候，退出策略（出来的方法）和可能的时机（何时出来）必须被列入计划。

（一）时机

退出企业的时机取决于投资者的时间表及当时的市场条件。一旦投资者获得了他的目标回报率，他就可能退出。或虽然市场和行业趋势是有利的，他也还没有获得预期的回报，但他也可能在衰退之前出售他所投资的企业。

（二）退出策略

1) 首次公募-

这可能不适合小公司，但如果成功的话，确实可以获得非常高的回报。大股东可以卖出一些股份以获取现金，但同时继续持有公司的股权。因此，这仍然是一种非常受欢迎的退出策略。但这种方法可能会有一些缺点。为了首次公募的成功，市场必须看到公司的主要增长潜力。整个过程也可能会耗费时间，而且会有很多相关的费用。而且，首次公募在经济繁荣时期更常见，因为其市场估值高，而且市场预备好欣然接受一切。举个例子，在 1999 年至 2000 年的繁荣时期，很多网络公司和技术初创企业进行首次公募。那时他们非常受欢迎，但后来就没有那么受欢迎了。

2) 出售给另一家公司-

这种方式是，公司被卖给想进一步扩张的竞争对手。这种方式更适合小公司，而且可能非常的有利可图，因为收购者在了解较小公司的资产、流程、客户基础及品牌价值的过程中，可能会看到很多益处。

3) 与另一家公司合并-

这与上面的方法类似，但是是以合并的方式，投资者继续持有企业的股份和产权。可能会有来自增效效应的额外价值，企业能够获得更大发展。

4) 出售给战略买家-

如果投资者拥有公司相当大的股份，他会寻求一个战略买家，比如私人股本基金、对冲基金、天使投资人等。这种方法在经济衰退时期更常见，那时的公司估值低。因此，可能不会卖出好价钱。

选择正确的退出策略取决于整体投资环境及投资者的个人目标。但如果精心规划了策略且评估正确，那么另一方（买方）会更有信心，投资者就可能能够获得更多资金。

十九、出售你的企业

如果你对一家陷入困境的公司进行了大量投资并拥有该公司的股份，那么当你获得了高额回报后，你可能会考虑把它卖掉。在这种情况下，出售你的企业可能是你将要做出的最重要交易。由于你可能花费数年时间才把公司建成今天这个样子，将之出售在情感上对你来说是难分难舍。除非你之前出售过另一家公司，否则你不太可能有这种经验。

在实际出售你的企业之前，仔细衡量你这样做的原因是非常重要的。你必须检视你作为企业主的的目标及企业的目标。很可能有人受你出售企业的决定影响。这包括你的家人、员工和经理。

有很多出售企业的方法。你可以像大多例子一样，在交易中将公司出售给另一家公司或寻找一个私人股本买家。

1) 出售方案的选择

当你出售你的企业时，你有不同的选择方案：

(i) 部分或全部出售

你可以出售整个企业或出售企业的一部分。有时买方可能希望你这个卖方保留部分所有权并继续经营公司，这样他们对做好公司会有信心。

(ii) 出售资产

你的另一个选择是出售资产，比如设备、知识产权或你的客户列表，而不是企业本身。有时，买方可能发现这更有吸引力，尤其是那些不想承接你的企业的债务和欠款的买家。在这种出售中，不包括在出售中的任何资产和债务都还是你的。

2) 付款

一旦交易完成后，你可以按以下方式之一获得付款：

①　全额付款或

②　分期付款。

大多数买家更喜欢分期付款。你可能对接受分期付款没有兴趣。一旦买方违约，你将面临风险。

3) 如何成功地出售

为了出售企业，最重要的是必须有一个买家——一个愿意并准备付钱购买企业的人。你能够摆出强大的理由，轻易地证明你的公司是一个值得购买的公司——是很重要的。

如果你无法找出理由，你就不可能成功地找到一个买家。

你必须首先确定你的企业是否是健康的及财务状况良好的。如果不是，你的买家可能不会付出你想要的价格，并会试图以极低价格购买你的企业。

你应该事前即开始设计出售计划，这样你就有整饰公司的时间，使其能够尽可能地吸引潜在买家。建议你在出价销售之前，获取公司的初步估值。

4) 时机

你在正确的时间出售你的企业是很重要的。这可能会对你获得的价格产生重大影响。

整体的经济状况是一个关键因素。你的企业所处行业的状况也起着重要的作用。当买家自己的企业运营良好时，他们更愿意购买你的企业。银行利率和贷款行情也很重要。你应该在利润增长且看起来可能会进一步增长的时候出售企业。税收的影响及行将到来的税收规则的任何变更对决定出售企业的时机也都有影响。

5) 选择出售你的企业的顾问

你的顾问对出售你的企业起着重要作用，他们对出售的成功有很大影响。有效的出售需要有经验的顾问。你将需要会计师和律师提供的的服务。

会计师会检视财务及账目准备方面的问题，律师会考虑法律方面的问题。你可能还需要一位税务专家，以处理税务问题并安排公司和个人的税项计划。一个好的顾问团队将会管理整个出售过程，而你可以专注于经营业务。

在你聘请顾问之前，你必须仔细审核顾问的技能和专业知识。他们应该有成功出售类似企业的经验，他们应该能够为你提供参考。尤其必要的是，你能够舒坦地和他们相处。在你聘请他们之前，要和他们谈好酬劳。没有人愿意免费工作。尝试谈妥按成交价格的一定比例支付他们的部分酬劳，这样如果你没有获得你的目标价格的话，你就可以支付较少的费用。

你可能已经准备好了你的顾问团队，但在出售企业的整个过程中，最重要的人是买家。你必须谨慎地和买家相处，使他相信你期望获得的价格是你的企业的适当价格，而且你的企业正是他在寻找的企业。

6) 买家

你理想的买家应该不争夺你的正在进行的业务,提出了最小的麻烦在拍卖会结束后,给你提供最好的价格为您的业务。因为有一个机会,你可能不得不为他工作在出售后的过渡阶段,是很重要的,你与买方。

7) 和买家谈判

要秘密地谈判。不要让你的客户、供应商和员工发现公司即将被转让。

如果你确定你不想再为这个公司操心，也不想再重新进入这个公司的话，那么你应该尝试以全额现金出售。如果你这样做，你将毫无疑问地不得不接受较低的出售价格。但即使你出售企业获得了现金，这也并不意味着你完全一劳永逸了。在此之前，你可能以你个人的名义为企业的一些债务做了担保或用你个人的资产为这些债务做了抵押。即使买方同意承担这些债务，但买方的承诺并不会让你与此无关。你应该尝试让贷款人同意用你的买家的担保来取代你的个人担保。如果贷款人拒绝（及如果买家的信用不像你的信用一样好的话，贷款人多半会拒绝），那么你应该要求在交易完成时，偿还以你个人名义担保的贷款。你还应该要求，在交易完成时将支票付给贷款人，然后贷款人将标有"已付"字样的承付票退还给你。如果买家不履行还款责任的话，不这样做可能会导致意想不到的灾难。

购买协议中的大部分法律义务会对买家有利，而不是卖家。毕竟，在卖家经营企业的时候，不在场的人是买家，买家是需要被保护的人。大部分的声明及保证是有利于买家的。但有一个交易的方面，是卖家必须谨慎处理的：承付票后面的抵押权益。如果承付票还没有被支付，你可以起诉买家。但如果买家无法支付该承付票，赢得反对那个人的判决胜利可能不会对你有任何好处。如果买家破产，你甚至不被允许起诉。你收到的抵押权益是你的保证，如果承付票没被支付的话，你将至少能够得到一些东西。当谈及这份抵押权益的时候，你必须十分小心，且要非常坚定。

如果你出售企业的股票，那么要确保，至少，你保留有你出售的股票的抵押权益。这将阻止你的买家未经你的许可而转售企业。如果买家想转卖，你应该有权符合买家的买方资格，确保任何新的所有者都将能够支付承付票。保有股票的抵押权益意味着，尽管你已经卖掉了股票，还是你保有结算表及股票证书，而不是买家。只有在承付票被完全支付之后，买家才应收到证书及完整的所有权。你的律师还应出具一份国务秘书或国家职员的财务声明，该声明可以让任何潜在买家都了解到，该股票不能被出售，直至你的承付票已被支付。

尽管你拥有股票的抵押权益，可以防止股票被转售，直至你被支付，但买家仍将控制公司。让我们假设 100 股代表公司的所有股票，而且你拥有这些股票的抵押权益，但将结算表给了买家。那么怎么能够阻止买家在结算后的第二天自己转而发行 1000 万股新股呢？在这样的情况下，你的 100 股在所有已发行的股票中只是微不足道的一小部分，根本无济于事，除非你的律师在购买协议中写入一条反稀释的条款，防止买家这样做。

获得公司股票的抵押权益还不足够。它无法阻止买家零星或批量转售企业资产，让公司徒有虚壳，股票一文不值。至少，你应该保留公司资产的抵押权益，保留国务秘书或国家职员的财务声明。你的抵押权益不仅要涉及你出售的资产，还要涉及任何替代资产（收购后的财产）。如果买家出售一台机器（只有经过你的同意，因为你将拥有该机器的抵押权益），那么你应该有其替代品的抵押权益。确保所有的资产都是安全的，包括企业应收帐款的抵押权益。如果买家未能支付承付票，你应该能够介入并收集这些应收账款。

获得企业股票和公司资产的抵押权益是公平的标准，买家不应极力反对。困难得多的是获得头家个人资产的抵押权益，特别是买家家庭房产的抵押权益。视乎你出售的企业的类型，买家的个人资产可能是你主要的或唯一的抵押权益。

永远都不要把你的自我带进出售的工作中。所有买家都会关注企业的弱点。对此不要有任何个人情绪。为了保护自己，他们不得不这样做。如果你希望能够开始谈判，你必须把你的个人情绪放下。你越快放下你的个人情绪，真正的谈判才会越早开始，然后你才可以获得最好的交易。对你的企业来说是最好的交易，可能没必要对你来说也是最好的。把两者分开，你将会有一个非常好的成功的机会。

8) 文件

所有买家都将展望未来。用你掌握的信息和专业知识让买家看到你的企业的美好未来。企业的健康财务报表和账本对此有很大帮助。用别人能够明白的方式来展示你的企业，让他们了解到购买你的企业是可行的。你应该正式发布公司的所有政策和流程文件。在出售的时候，对你来说越早整理好文件对你越好。仅在正式销售前才创建的任何文件都会引起买家的内心疑虑。一些重要的公司文件包括：

① 员工政策手册——假期政策、病假、保险、加班等；

② 工作程序手册，包含详细的步骤，说明企业的各种任务是如何被执行的；

③ 客户协议；

④ 公司现有存档的规章和文件；

⑤ 每个重大决定的备忘录；

⑥ 所有的纳税回执。

确保所有文件都正确无误。任何不实之处都可能导致对诚信的看法，给出售带来问题。尽可能地提供详尽信息。

9) 认真地谈判

当买家检查完你的文件后，认真的谈判才将开始。买家将尽力获取最低的价格。要为大量的谈判和争论做好准备。不要失去你的冷静。买家可能会显得毫无弹性、不公平及不现实。

你将不得不检视一些冗长的合同草稿，谈判可能会显得没完没了。有时你可能需要有点弹性，根据情况调整你的目标。正如前面提到的，不带任何个人情绪。

10) 耐心

当你完成了谈判时，也还不是交易结束的时刻。买家将对你的企业进行尽职调查，就像你购买企业时所做的一样。各企业的尽职调查时间可能会不一样。只有当买家认为购买你的企业对他来说是一桩令人完全满意的事情时，他才会购买。

二十、不良证券的类型

财务濒临困境的公司可能会出售各种证券。因此，投资者可以选择不同的方式对陷入困境的公司进行投资：

1) 不良股权-

公司股票在股票市场上交易，破产的消息可能大大压低了价格。那么投资者可以在市场上直接购买。

2) 不良债权-

投资者购买公司的债权凭证。如果预期的信用质量得到改善的话，你可以受益于该债券的低廉价格。投资者可以持有该债权，直至到期或随后可以以更高的价格出售。

3) 不良房地产-

最近不良房地产投资很流行。这与房地产获得的数量有关，或与金融机构的不良贷款数量有关。有许多投资者专注于这一领域。

4) 不良国债-

通常投资者在二级市场上购买低至中等收入国家政府发行的国债。这些国债券的一些交易价格可以低至几美分，而其原始贷款的票面价值是 1 美元。

5) 债转股-

在这种情况下，投资者可能已经是陷入困境公司的债权人或可能在公司的危机后已经购买了债券。在公司重组或并购的过程中，债券可能可以兑换成股权。这样投资者可能会获得改革后的新公司的股份。

以上所有这些投资都要求投资者对市场动态有一个深入了解，这样才能够确定投资于哪些行业及哪些国家。

显然，这种投资不适合很保守的人，因为风险非常大。通常分配给这类投资的比例不超过 5%，除非有私人股本基金和对冲基金。

二十一、不良债权

我们将进一步讨论不良债权，因为不良债权很流行，可能比不良股权还流行。

这类证券的投资者购买已欠债或办理破产手续或濒临财务危机的公司或政府机构的债券。这种投资没有固定的标准，但到期收益率通常比国债或无风险投资的回报率高 1000 点。

随着公司欠债或公司价值损失，公司债券或股本证券的原持有人可能会恐慌地抛售该等债券，导致债券的价格急速下跌。这时候通常被称为秃鹰投资者的人会入场。他们根据公司的资产和负债及公司面临的问题来估算债券的价格。如果估价高于市场价格，他们就进行投资。

如果投资者成为公司的主要债权人，那么他就可以对重组/破产程序施加影响，使他的交易成为一场成功的交易。在转机或清算后这些债券可以被出售。这些债券或许也可以转换成新公司的债券或股票。

不良债权比不良股权更受欢迎，因为与股权持有人相比，债权持有人对公司资产有优先索偿权。这适用于公司的清算和重组。在重组的情况下，与债权相比，股权通常需要花更长的时间才能获得回报。当然，这些投资的风险实际上是非常大的，但由于债权与股票市场的关联低，因此它们非常适合投资的分散化。

从历史上看，美国有最大且最先进的不良债权市场。这不仅仅是因其已确定的投资惯例，还因其法律结构。根据美国破产法第 11 章，一家公司会得到其债权人的保护，且当管理层制定出一个重组流程后，还可以继续运营。这与其它大多数国家形成鲜明对比，其它大多数国家会迫使破产公司清算资产且法律不给他们一个"重来"的机会。但最近一些其它国家，比如新加坡已经开始修改他们的法律，以复制美国破产法第 11 章。

其余的不良债权市场交易（特别是欧洲）也越来越活跃，因为高收益债券市场和破产法正在改变。

一个很好的例子是伦敦的一家房地产公司金丝雀码头。在 1990 年代早期，该公司陷入财务困境并于 1992 年申请破产。虽然大多数投资者都躲开，但富兰克林共同基金对它进行了投资。随着伦敦房地产市场的复苏，金丝雀码头于 1999 年上市，给投资者带来巨大回报。

二十二、如何寻找投资机会？

国家分析-

在过去的几十年里，亚洲、拉丁美洲和东欧的发展中市场存在大量的不良资产。这些经济体经历了很多政治及经济的冲击、贷款违约等事件，但都努力恢复，有些经济体甚至比以前更强。金砖四国（巴西、俄罗斯、印度和中国）已经引起了许多投资者的注意。与在发达经济体投资相比，在这些发展中国家投资需要给予更多的关注和谨慎。影响新兴市场的许多风险包括政治不稳定、汇率波动、税务风险、交易和结算结构、资本控制风险及流动性低等。

国家分析可以用历史分析的方法，分析一个国家的GDP增长率、政策结构、政治运动及自由化政策等。通过这些数据，可以推断出一个国家的未来方向。

行业/部门分析-

一旦国家或地理区域确定了，就要确定部门或行业组织。一些部门实际上是有周期性的，因此如果根据技术分析这些部门已经处在谷底，或许就是购买它们的最好时间了。其他行业可能不会有明显的周期性，那么就要更多地分析过去的增长率、公司在产业结构的地位、影响行业发展的监管和法律因素、行业投资者的认知等。依据这些数据，我们必须试图预测未来的增长率及影响行业的任何未来趋势。然后在比较分析的基础上，选出行业未来增长的方向。

二十二、法律地位

必须从法律角度彻底分析任何不良证券的地位，以避免任何惊人的不愉快。有时可能需要律师。可能需要专业人员给购买者或债权人委员会就重组流程及贷款谈判等提出建议。只要涉及到转移资产，就必须考虑到产权、许可证及其它权利的转移以及环境或运营是否合规等问题。如果有悬而未决的任何诉讼案件，则也必须考量这些案件的影响。

在现有或新的政府政策下，有可能出现投资不良资产的机会。例如，包括有毒资产处置条例的美国经济刺激计划为不良证券的投资者创造了很多机会，该计划包括问题资产救助计划及2009年美国复苏与再投资法案。因此，了解国家有关破产、清算、不良资产处置的法律和政策结构是非常重要的。除了现有的法律，还必须分析经济的"真实的状况"，真实的状况可能与既定的法律和原则相去甚远。

在投资或收购之前，必须进行广泛的所有法律尽职调查。

在下一节中，我们将概述一些国家关于破产和不良资产的法律框架。

二十三、美国的法律

不良资产投资的相关立法是 1978 年的破产改革法案。该法案有几章涉及到破产的条款，但我们特别感兴趣的章节是第 7 和第 11 章，这两章分别谈到清算与重组。

（一）第 7 章 清算

当公司想终结它正面临的金融危机时，它将按照美国破产法案第 7 章申请破产。然后法院会任命一名破产受托人经营债务人的业务。受托人应收集公司的资产，并出售那些资产，然后根据债务结构给债权人分配收益。由此公司清偿了债务。

必须指出的是，美国破产法案第 7 章的理念与随后其他国家执行的清算流程相似。

（二）第 11 章 重组

这给公司的重组提供了机会。类似的框架在加拿大也有，但美国破产法第 11 章与世界上其他国家的做法有所不同。

发生财务困境而无法还钱给其债权人的公司可以根据破产法第 11 章申请保护。这种申请是一种自愿申请，由公司或其债权人提出。第 7 章与第 11 章之间的重要区别是，在第 7 章里，破产受托人经营公司的业务，而在第 11 章里，是公司/债务人继续经营业务，在大多数情况下，这种经营受到法院的监督。在这种情况下，该公司被称为持有资产的债务人。

根据第 11 章，公司重组有多种模式。公司可能会取消一些合同，还可能以优惠的利率获得资金。债务人仍然能够拥有自己的资产、设立基金并被给予偿还债务的时间。偿还债务的优先顺序是有担保的债权人先于无担保的债权人。

在被称为专营期的时间内，公司有权单独提出一项重组计划。该计划必须经由债权人和法院批准。这一时期结束后，任何利益关系方均可对如何支付债务提出意见。但最终的批准必须经由债权人、股东和破产法官共同确定。

所有这些都涉及到时间，并充满了不确定性。法律诉讼的结果也不确定，因此在投资时必须考虑这种不确定性。

（三）绝对优先规则

重组计划在满足公司证券持有人的要求时，必须遵循优先规则。一般的规则是，高级的有担保的债权人应当先被偿付，然后才偿付给无担保的债权人。股权持有人排在最后。

在某些情况下，某些债权人可能会反对重组计划，但如果所有条件都得到满足时，法院可能会强压下他们的反对意见并决定执行计划。这个计划对所有债权人都必须公平、公正。在"强压"不同意见的情况下，或者持异议的债权人被全部偿付，或者所有比持异议的债权人的级别更低的人将不能获得或保留任何东西。

在这种情况下，当法院否决持不同意见的债权人的反对意见时，优先规则成为绝对的规则。

（四）新值例外

这是绝对优先规则的一个例外。股东通过做出一些资本贡献试图保留他们的一部分利益。这样即便高级别的债权人反对计划的结构，股东也还可以保留他们的利益。

（五）预先包装的破产

在债务人按照第 11 章正式申请保护之前，债务人与债权人拟出重组计划。债权人可能会同意用他们的债权交换限制较少的股权。通过这种方式，公司可以加快破产流程，以重组后的组织出现。

二十四、印度尼西亚的法律

印度尼西亚的破产法 2004 年的 37 号法案（破产及债务支付义务延期）提到在法院的监管下进行清算和重组的流程。

以下是印度尼西亚法律的一些特色。

一旦债务人被商业法院宣告破产，政府的监护人就承担起结算和债务清偿的责任。破产企业的监护人具备将破产的债务人的财产划分给债权人的特殊技能。

债务人可以提供一份组合计划，如果债权人批准了该计划，则允许债务人进行重组及继续运营。有两种计划分别是：(1) 宣告破产前的SoP组合；(2)宣告破产后的CIB组合。

实际的情行

据最近的一份报告称，虽然破产法被认为是最好的，但印尼贫弱低效的司法系统使很多人打消了寻求破产途径解决问题的想法。

由于执行困难，债权人的首选路线是与配合的债务人进行私下协商。

印尼的许多经济部门被多个大企业集团控制，该等大企业集团是由小群体控制。这种有关联的所有权缺乏透明度，小股东的权利都很弱。如果债务人与一个大企业集团有关联，那么没有债务人及其股东的同意，债权人（尤其是外国债权人）很难继续正式的破产程序。如果被采用的方法明显与大股东对立，那么通过协商是否能够实现预期目标就可能就变得遥遥无期。

庭外重组的实际选择需要协商，这需要很多的耐心并要建立好关系。最佳交易的协商可能需要相当多的时间和努力，以达成必要的共识。债权人通常试图协商出一份重组协议，然后通过出售债权退出。

二十五、中国的法律

《中华人民共和国企业破产法》于 1986 年首次被通过。20 年后该法被修改。新的破产法于 2007 年生效。

新的破产法提供了三种不同类型的程序：清算、重组及与债权人结算。

新的破产法与美国破产法的第 11 章相似，在法院的监督下公司可以继续经营业务并试图偿还债权人。新法还支持外国投资，外国投资可以有更多的权利和法律路径。该法还首次将被担保债权人的优先权置于公司员工前面。

过程已经变得民主，有债权人委员会的选择，并且由债权人对计划进行投票。

实际的情形

在过去的几年中，中国大约有几千家公司正式申请破产。但有更多的公司是"隐蔽破产"的状况，该等公司通过取消注册退出市场。因此大多数企业的退出没有依照中国破产法规定的程序进行。

在"隐蔽破产"中，一些公司负责地设法满足债权人的权利并偿还债务，但很多公司只是取消许可证或登记，以避免债务。这可以视为信用欺诈。这给整个市场的信用风险带来了更高的风险。一些分析师认为，过多的政府干预是破产案下降的原因。债权人权利的成功行使很难实现，部分原因在于地方保护主义。

庭外重组的形式将得以继续发展，以满足特定的需求，如稳定现有业务、筹集资金及避免裁员等。债务人所在地的市政府对重组具有很大的决定权。

二十六、新加坡的法律

新加坡的破产法和公司倒闭法分别由《破产法》和《公司法》管辖。

《破产法》主要起减少公司被迫进入破产流程的作用，并鼓励各利益相关方自行解决债务问题。政府或法庭任命一名官方受托人，该受托人拥有接管公司事务并行使相应职责的权利。官方受托人还拥有免除公司破产的独有权利。

一般来说，破产程序只在债权人要求的情况下才会启动。新加坡的高级法庭还可能会下令一家公司破产，如果该法庭认为该公司无力偿还债务的话。法庭甚至可能会发出破产逮捕令。

一旦一个人宣布破产，他将会受到严格管制，不能筹集500元以上的新加坡币，不能去旅游，没有官方代理人的批准不能在一家公司的管理层里担任任何职务。

近期的变化

2008年至09年的衰退给新加坡带来严重的冲击，新加坡所受的重创比1997年亚洲金融危机带来的影响还严重。仅 2008 年宣布破产的公司数量就上升了 3.2%。公司降薪并削减福利，银行在收紧银根。住房贷款的拖欠率高企。

为了协助每况愈下的经济得以恢复，2009 年 1 月国会通过了一项法案，该法案允许负债的公司与债权人一起拟出一份还款计划，可以不被宣布破产。新的法律将有助于债务人继续经营公司，并在某段时间范围内给债权人偿还欠款。

二十七、美国的不良资产投资

（一）衰退与美国

衰退通常被定义为经济活动的减少，且活动的减少持续了一段时间。衰退表现为国内生产总值、投资额、消费量的减少以及收入和利润的下降。在衰退期间，裁员是普遍现象，因此失业率会上升。所有这一切都会导致许多个人和公司破产。这时政府可能会采用扩张的财政政策，比如增加货币供应量、减税、降低利率、出台刺激经济的一揽子计划等。

全球衰退意味着全球范围内的经济增长减缓。按照这种标准，自 1985 年以来，已出现大约四次这样的阶段，最后一次是在 2008-09 年期间。

近期的衰退已被认为是上世纪 30 年代大衰退以来最严重的一次。衰退的原因在于房地产和次贷危机。虽然衰退的源头来自美国，但衰退很快蔓延至世界各地。

衰退始于 1990 年代的房地产泡沫，那时商业地产和住宅地产的价格快速上升。于是美国政府修改了一些法律，该等修改使房地产成为最受人欢迎的投资项目，并且允许不够条件的买家贷款。由此银行的贷款具有很高风险。于是该等贷款被债券化，也就是说，贷款被转为可销售的资产并被卖出。由于房地产的价格持续上升，该等债券不被认为是具有很大风险的。通过债券化的过程，传统的银行、甚至投资银行进入房产贷款，由此承担了巨大风险。至此，房地产贷款扩散至整个金融系统。

随着房产价格上升的停止，房产持有人无法继续偿还贷款，于是危机开始了。银行，虽然有大量的资本储备，还是被迫大量减记他们贷款的价值。当这对公众来说变得较明显时，金融系统的信心开始受到侵蚀，贷款人想收回他们的钱。这促使资产的价格降至更低，结果导致许多机构要筹集更多资金、寻找买家或只好破产。

美国政府资助的企业，房地美和房利美公司被政府接管。当1998年9月雷曼兄弟宣布破产之时，衰退已很明显。其他机构，比如美林证券、华盛顿互惠银行、美国银行、花旗集团和著名的欧洲银行等，也都面临类似的问题。

为了抑制持续不断的危机，2008年10月，美国国会通过了《经济稳定紧急法案》或称"救助法案"，试图拯救衰落的金融机构。

（二）问题资产救助计划

2008年美国根据《经济稳定紧急法案》开始实施问题资产救助计划。该计划的基本目标是允许金融机构出售"不良资产"或非现金的、难以估价的资产给财政部或联邦政府。由此机构可以再次稳定自己的资产负债表并避免进一步的损失。籍此希望给金融系统重新注入稳定性和流动性。

在这个计划中，参与机构可以将非流动性抵押资产（随着房价下降那些资产已经失去价值）从他们的账本中删除。这些资产也被称为"有毒资产"，因为银行及其他机构无法发行新的生产性贷款。

这些不良资产始于2000年开始的繁荣时期，银行和其他金融机构过度放松他们的放贷程序，在危机时期，这导致许多美国房主拖欠或取消抵押品赎回权。这时问题资产救助计划出台，以帮助这些家庭保有他们的房子，并避免丧失抵押品赎回权。

参与机构可能会通过发行优先股股票给财政部的形式出售有毒资产。这将鼓励银行恢复放贷，由此使家庭和企业都受益，进而有助于经济的发展。

95

二十八、亚洲的不良资产投资

1997 - 98 年的亚洲金融危机在 2008 - 09 年的经济衰退中再次重现。但与第一次不同的是,这次几乎是整个世界都受到经济衰退的影响。因此美国和欧洲的经济无法前来营救。

截至 2009 年 3 月,亚洲的不良证券市场估计大约在 5000 亿美元至 9000 亿美元之间。这为投资者提供了惊人的机会,该等投资者需要有足够的现金及挑选正确的特价品的技能。对冲基金、富有的投资者和其他专业玩家正在为非常大的交易进行深入的探索。

银行和其他金融机构不良贷款的份额增大。中小企业备受金融危机的重创。

中国的不良贷款尤其多。甚至连信贷支持的一般模式都缺乏,这给不良证券的投资者创造了低竞争的环境。

二十九、案例分析

印度尼西亚的巴克里兄弟公司

巴克里兄弟公司成立于 1942 年,当初也只是一个普通的商家。1960 年后,它的业务扩展到钢铁和相关的基础设施项目。该集团公司运作良好。
巴克里集团的业务遍布许多领域,包括种植、电信、金融、制造、建筑、采矿等行业。1989 年,它在雅加达证券交易所上市。巴克里兄弟控股公司持有其集团的多个公司的股份,比如煤炭生产商布米资源公司、苏门答腊种植公司、巴克里房地产公司、Energi Mega Persada 能源公司、巴克里移动电话运营商等。

该集团由艾哈迈德·巴克里建立。1972年，他的儿子阿布里扎尔·巴克里加入家族企业。他是该公司1999年至2004年的主席。现在许多家庭成员参与到公司业务中。

该集团是对印度尼西亚有政治影响力的集团公司之一。阿布里扎尔·巴克里于2005年成为社会福利部长。

该公司被1997-98年的亚洲金融危机影响，负债累累。后来进行了债务重组，包括债券股票和债券资产互换，并出售了一些公司的部分股份。重组于2001年完成，重组的债务达12亿美元。

同样于2001年，该集团收购了其他煤炭公司的股份，成为印尼最大的煤炭生产商。

2006年，东爪哇大火山泥流使土地遭到破坏并伤害了很多人。很多人认为该泥流的发生是由于巴克里的相关公司进行钻探造成的，但该公司否认此说法。

2008年，巴克里兄弟们通过购买其集团公司的股份强化了他们的家族企业。收购的资金来源于配股增发及用股份做抵押向很多金融公司借贷。随着随后的经济崩溃，其股价暴跌。公司开始面临追加保证金的通知。

随着经济衰退对印尼的打击，该公司无法偿还总计约12亿美元的债务。后来该公司宣布，它可能会出售集团公司中一些公司的部分股份，以偿还债务。2008年10月，印尼的证券交易所暂停巴克里集团控制的六家公司的交易。这些公司的市值约占指数总市值的5.5%。

同年晚些时候，一些私人股本公司收购了巴克里集团的债务。又出现了一次达12亿美元的债务重组。

这些交易引起了小投资者的强烈不满，他们质疑股价的估值，怀疑这些交易是否独立。由于巴克里的政治影响力，该公司逃脱了很多政府的监管审查，尽管有很多投诉。

三十．考虑何时投资问题证券的重要事项

一个投资者，无论是业余的还是专业的，如果他决定投资不良资产，那么他必须在

投资之前做很多背景研究工作。正如我们已经看到的那样，一家正常运作的公司与可能处在最后的生死关头阶段的公司有很多不同。因此必须事先了解这家陷入困境的公司及证券类型。

下面我们列出一个清单，以帮助投资者从多个维度评估资产：

1)   陷入困境的原因

这是要考虑的首要问题。是什么导致公司垮台，价格为什么下降了，为什么评级机构和证券分析师下调了该证券的等级？

2)   发起人 / 管理层-

公司的发起人/融资人是谁？在公司破产的情况下，有些人可能会退出，而许多新的投资者，比如私人股本基金、对冲基金、风险投资者、天使投资者或其他公司可能会购买该下滑公司的股份。因此我们必须看看现有的和新的发起人是谁，看看最高管理层是谁（必须留意最高管理层的任何变化）。

最近出现一些发起人卷入自利交易的情况，他们违反对公司忠诚的原则，不顾道德，给其他利益相关者造成很大伤害，使公司的名誉受损。在不当行为被暴光前，很难发现那些违规者，但对最高管理层的历史进行深入研究，并认真研读经审计的财务报表，或许可以获得一些洞见。

3)   诉讼/法律问题-

如果有任何对公司或其发起人之一的未了结的严重诉讼，未来可能会有涉及投资的问题。为此，我们也必须看到目前到位的或未来可能会实施的监管限制及其对问题公司的影响。如果公司在不同的国家经营，则必须考量每个国家的法律和法规及在不同地方的债务。

4)   宏观经济环境-

当前的世界经济预期是增长还是衰落？公司所在国的经济将会增长还是衰落？如果鼓励更多的外国投资，这对公司的影响是积极的还是消极的？政治和社会领域的变化是怎样的？只有当这些问题的答案都是积极的情况下，才可以进行投资。

5)　在行业中的地位-

与一个战略地位低、产品质量差的公司相比，行业地位高、产品质量好的公司将来更有可能脱颖而出。

6)　表外交易-

所有的表外交易，比如或有负债及任何担保都必须被详细分析，因为将来这些交易可能会被传唤。

7)　结构的安全性-

如果是债务合同，则各项条款必须明晰，比如兑现条款。合同的结构可能涉及期满及前期的条款、违约条款、单个和多个债权人、公共和私人债务及相关的银行债务等。

8)　财务报表分析-

对最近五年左右的报表进行分析有助于了解公司运作得如何及其未来走向。可能能够从中看出一些趋势。必须了解投资来源、投资走向、新鲜资本来自哪里、衍生品交易如何被规范等。从过去几年的财务报表中还必须看出各种比率，比如净资产收益率、资产回报率、利润的衡量标准、周转率、产能利用率等。如果其中的一些比率已经在一段时间内呈现出负数，那么可以确定这不会是一项好投资。

下面列出一些值得进一步讨论的要点：

(i).　现金流-　看财务报表，如果公司的现金流趋于一致，而不是不稳定，那么可以认为公司的长期运作趋于稳定。

(ii).　不变成本与可变成本-　如果公司的运营成本比较固定，而不是可变的，则该公司在环境变化的情况下将会较难做出应对。如果可变成本较多，则在需求较少的情况下，公司的成本损失不会太大。

(iii).　收益-　在两个或两个以上的企业之间，回报较高及投资回报率较高的企业可能会恢复得更快，并且机会更多。为此，我们必须关注净收入和息税前利润。

(iv). **偿债能力-** 这个指标衡量一个公司能够多快将资产转换成现金或偿还其债务。具有较高偿债能力的公司能够更快地转型。衡量偿债能力的常见指标包括流动比率（流动资产除以流动负债）、速动比率（扣除库存的流动资产除以流动负债）、营运资本（流动资产减去流动负债）。

(v).资产利用效率- 能够有效使用其资本和人力资产的公司能够产生更好的回报。这个指标由投资回报率及雇员回报率衡量。

自评问卷样板

通过这个自评问卷调查，你可以了解到某个特定日期时的公司概况。

通过这个问卷调查，你能够

✓ 了解到公司目前的概况。

✓ 识别早期企业转型的可能领域。

✓ 决定是否需要详细调查弱项。

✓ 决定是否需要雇佣转型/转机专家。

为了获得更好的效果，可以运用不同的评估工具每季至少安排关键员工做一次自评，并将自评作为季度检视的一部分。然后将关键员工的自评与公司目前的状况做对比。

免责声明

虽然我们已经以谨慎的态度确保此问卷涵盖各方面的内容，但我们还是希望大家知悉如下内容：

✘ 此问卷并不意图涵盖或包含所有做决策可能需要的信息。

✘✘ 此问卷仅旨在为执行总裁评估其企业的转型状态提供参考资料。因此任何他人使用此资料或许不能获得所有真实的信息。

✘✘✘ 利害关系方为处理与该组织相关的事宜必须自行对该企业进行尽职调查、检查、调查和分析。此文档不能代替利害关系方应进行的任何事项。

✘✦ 此问卷只是一份参考资料。检视已完成的问卷并不构成一份审计或一项调查或审计及调查等此类活动的依据。

✦ 或许存在很多组织的特别条款，而这些条款并没有成为本文档的其中一部分。

✦✘ 此检视只供"健康检查日期"之日使用。于此日期之后发生的事件所引起的后果与此无关。

✦✘✘ 这个问卷的编制没有为各缔约方提供了解任何额外的信息或纠正可能会暴露的任何不正确信息的义务。

✦✘✘✘ 本文档未经测试，亦未通过任何公认的质量标准或法规。因此，在使用该文档时，从可能观察到的事情中得出的实际结果可能会有所不同。

✘✘ 此问卷没有调查、操作风险（不包括故意掩盖欺诈的行为）提示的性质，编制者对组织中能观察到的任何失误不承担任何责任。

✘ 此问卷的用户同意编制者对此问卷所包含的任何陈述及任何疏漏不承担任何责任。

A. 基本信息

1. 评核人资料

☞ 雇员编号：

☞ 雇员姓名：

☞ 职位/在组织中的职级： *[个体工作者、管理团队、管理经理、管理企业]*

☞ 部门/功能： *[用户接口、生产、支持]*

☞ 本组织工作年限：

☞ 总工作年限：

2. 组织资料

信息	选择相应的选项			
外部因素				
工业/ 产品地位	国家/全球经济的重要支柱（比如原油、海运）	不是国家/全球经济非常重要的支柱，但还是很重要（比如汽车配件）	从经济的角度看不是非常重要（比如玩具）	是一种赢利产品，但对经济的影响最小（比如现代美术绘画）
市场	销量大的市场（比如整个国家的粮食）	必需品，但消费量不大（比如正装鞋子）	专注于某个特定市场（比如度假胜地）	只供应特定顾客的产品（比如卖给一或两个特定顾客的产品）
垄断/市场领导	全球依赖的产品（比如微软的软件）	只有几个竞争者，竞争相当少（比如复印机）	很多竞争者，顾客的选择广泛（比如电脑）	完全竞争，很多竞争者，没有明显的领导者（比如酒）
地理位置的重要性	地理位置非常关键	地理位置重要，但不是很关键	在一些地理地区广泛分布	任何地理位置都可以

政府影响的水	产品价格、许可都受到政府的广泛影响	只涉及限制贸易的情况	只涉及利润的税收	没有来自政府的影响
内部因素				
组织的成立年	超过 20 年	5-20 年	少于 5 年	刚起步的组织
组织的类型	涉及大众的公共利益	有限的公共利益	私人有限公司	无限责任的专有/合伙公司
管理	专业的管理，并通过国际最佳的行业实践标准认证	专业的管理，但没有通过任何国际最佳的实践标准认证	由家族集团管理，只有一些人有专业的管理经验	由没有经验的团队管理
愿景	有长远的愿景（5 或 10 年的愿景），组织内的成员都知晓该愿景	更多的是短期愿景	已形成愿景，但组织内的大多数成员并不知道	没有清晰的愿景
价值观系统/组织文化	合作、有活力及道德的组织文化	组织内有最好的文化	还没有形成健康的文化，但表现出积极文化的迹象	封建的架构，下面的成员对最高层管理者有极少的影响
报告和检视期	良好的定期检视，有内部审计系统	有检视，但检视得不认真，一般没有跟进的行动	偶然及没有结构性的检视，一般很少进行检视	没有结构性的检视流程
组织结构	去中心化的决策，且有自下而上的报告和检视流程	去中心化的运作，有足够的授权	大部分是集权，授权有限	高度集中化，严格的自上而下的报告和检视方法，没有授权

B. 用基本的信息进行分类

1. 评核人的资料：

a. **忽视评核-** 如果评核人的级别不够高，比如评核人不是管理经理或管理企业且在组织内的工作经验较少（少于两年），那么该评核可能不足以可信。

b. **关注评核–** 如果评核人的级别够高，且评核人有广泛的组织内及组织外的工作经验，那么该评核应被认为较可信。

2. 组织资料：

外部因素： 行业/产品的地位、市场、垄断/市场领导地位、地理的重要性及政府的影响，

如果过度依赖外部因素的情况被观察到，则表明风险较高，有可能不健康。

内部因素： 组织成立的年限、组织的类型、管理状况、愿景、价值观系统/组织的文化、定期报告和检视流程及组织架构。

内部因素应能够缓解来自外部因素的风险——如果看不到这种情况，则该组织有可能生病。

C. 问卷详情

问题指标分成 3 大类：

财务资源指标： 这些问题涉及成本/已悄然形成的低效率等，这种情况需要进行外科治疗，

以使病情不会加重。

📖 **市场资源指标：** 这些问题涉及组织复兴并确保组织为快速成长打好基础所需要做的工作。

对这些方面不采取行动会不知不觉地造成不久的将来成本上升/效率低下。

📖 **人力资源指标：** 这些问题涉及组织内更人文的因素，这些因素是组织长期成功的因素。

在这些方面不采取行动会不知不觉地造成短期至中期内成本上升/效率低下。

必须按下列参数回答每个问题：

A	总是	这种情况每次都发生，没有例外
F	常常	大多数时候都发生这种情况，很少例外
R	很少	这种情况只偶然出现几次。
N	从不	这种情况从来不出现。
C	无法估量	无法评估这个指标（不相关或没有经验）

注："分类"只供内部参考，不构成使用者可见的最终问卷的部分，

具体的问卷如下：

1. 财务资源指标

序号	分类	详情	A	F	R	N	C
1 2 3	财务	在最近的 12 个季度里，业务单元/组织是盈利且有望保持盈利。					
		没有资金紧缩的情况，且有可能保持资金不紧					
		组织的财务状况被认为是健康的、管理良好					

		的，且机构稳定，流动资产通过良好的政策管理。					
4 5 6 7	低品质	雇员怠工、有矛盾的情况极少，且不会影响到工作。					
		没有需要再培训、再训练的雇员。					
		业务流程不太复杂，且不需要改善。					
		在业务流程中没有出现再核查、返工的情况，因为业务流程带来高品质的产出。					
8 9 10	策略及财务计划	有组织及定期的策略和财务计划流程已做好。					
11 12		业务的所有风险已被辨识，且相应的风险缓解计划是到位的。					
13 14		策略及运营计划是充分的，且已适当地给所有相关人员安排好工作。					
		定期的产品市场潜力分析做得很好，且针对可观察到的情况做出了相应的策略					
		进行检视以确认联盟做出计划或辨识引起变化的因素，且采取相应的行动					
		计划工作足够频繁以捕捉到业务中的所有重大趋势和风险					
		衡量实施计划的成效的工具及辨识风险的方法是恰当且有用的。					
15 16	表现检视系统	有充足的定期部门表现检视。					
17		业绩报告的充足程度及品质受到审核，以确保其准确/公平。					

		拟定行动是检视的一部分，且该行动被持续跟踪及回馈。				
18 19	管理的品质	执行总裁、财务总监及其他高层管理者是足够称职的，且该等人员的表现被定期评估。				
		董事会积极地监视并检视组织的活动。				
20 21	生产及运输流程	从订单中捕捉到的客户需求被无缝地传递至生产及运送流程。				
22 23 24		部署胜任的员工做发货工作，确保交付符合客户预期。				
		所有流程都互相配合，以确保在预期的时间内将货物交付给客户。				
		包含在客户订单合同内因质量问题或延迟交付而导致赔款的条款会受到密切地监视，以避免损失。				
		生产/交付所需的资源得到适当地提供。				
25 26 27 28	存货的采买及管理	按库存物品、维护、消耗和处置的科学流程办事。				
29 30 31 32		遵守诸如经济特区的关税、规定等存货的采买及管理的所有法规和规章。				
		按有效的方法使用材料、工具、模具、钻具及固定装置等，避免浪费。				
		组织试图寻找所使用的更廉价及更好的替代材料和工具。				
		制成品在出售之前，被妥善包装和发送，避免损坏。				
		日常尽量减少库存所占用的成本。				
		业务流程足以确保控制库存在第三方地点。				
		实施获取副产品、分支产品或替代产品价值的机制。				

33 34 35	产的采买及管理	只有业务绝对需要及合理的资产才会被采购回来，并且基于购买与租赁的对比及资金流动头寸的科学分析。				
		所有采购回来的资产都按照有效的计划被使用。				
		适当的资产记录被保存并定期检验资产的存在、使用及处置情况。				
36 37 38	流程控制	组织内的所有活动都被适当记录，被认为是多余或浪费的活动会不断地被辨识及去除。				
		科学的统计工具被运用，以确保流程按计划被执行。				
		所有的流程都受到审核，以确认其完善性和适当性，特别是在控制方面。				
39 40 41	供应商的甄选及供应商表现的管理	供应商鉴别的科学方法被遵循，包括排序、竞争报价、价格优势分析、及时性和货品质量				
		质量差和延迟供货会被跟踪，且会给供应商提出反馈意见，并采取纠正的措施。				
		由供应商付出的质量风险赔偿金被用于所有被采购的关键物品。				
42 43 44 45	财务及法务管理	所有帐务和法务记录都被不断更新且依照有关规定保存。				
46		组织有适当的内部审计系统，该系统与其业务的大小及性质相适应。				
		没有行将发生的法律案件。一旦出现案件，为因法律案件失败可能造成损失而准备的适当的规定即被写在预订单里。				
		现金流定期受到密切监控，金库受到管理，为缓解风险和管理资金而做出了良好的授权。				
		未收回的应收账款受到密切监视。每天的销售回款天数都被衡量，确保坏帐和可疑的债务保持在最低限度。				
47	工作职责	公司内的每个职位都有明确的规定，且与战略计划相一致。该规定包括做该项工作所需的最低的知识和技能水平、经验及在主要技能缺乏				

48 49 50		的情况下所需要的替代技能。					
		角色与责任得到明确地隔离，这样避免导致失控或产生利益冲突。					
		适当的主管得到授权，以快速、适宜地进行决策。					
		对责任有明确的衡量标准，且该标准是可衡量、适合及简单的。					
		总分					

2. 市场资源指标

序号	种类	详情	A	F	R	N	C
1 2 3 4	新业务 / 新地方的收购/采购	接受新业务的政策以客户需求为导向，且该政策得到坚持。					
5 6		分析行业和技术发展趋势的正式机制被遵从。该机制包括确定进入一项新业务/地理位置的必要条件的过滤机制（如战略、竞争、市场状况、公司优势、资源可用性、资本及政府法规等）。					
		努力减少组织由于专注于几个产品或客户或区域而产生的风险。					
		当正式的新产品收购机制可能会增加时间延迟时，如果有必要的话，该组织还是允许即时决策的（比如与另一个迄今为止还未销售出的产品的捆绑销售，以便快速获取新订单）。					
		为进入、计划、监控及检视新业务/新地域的收购/采购而遵循一个独家的结构化的方法，直到该等新的业务变成有利可图的长期业务为止。					
		组织主动安排用于新业务应用及研究与发展的资金。					
7 8 9 10	市场及业务发展	营销团队的规模与业务的规模及性质相适应。					
		付给营销团队的佣金和奖励不会侵蚀利润。					

11							
12		营销团队由组织内最好的团队成员领导，且拥					
13		有充足的后备力量。					
14							
15		精心起草和更新的营销策略是适当的。					
16							
17		组织所专注的适当的客户细分是非常清楚的。					
18							
19							
20		与竞争者相比，该组织认识到其各种品牌的相 对价值，并使收入目标与营销付出相应。					
21							
22							
23		在组织想要进入的特定业务里，该组织不断 寻求市场份额和市场的领导地位。					
		组织试图成为任何特定产品或技术或解决方案 的先驱者。					
		广告力度及预算符合组织及其价值系统的市场 和品牌定位。					
		广告活动的影响力受到密切监视，且会努力使 广告更有效。					
		面向客户的团队成员接受定期的培训，以使他 们能够按要求向客户展示产品。					
		面向客户的团队成员（销售和分销团队）都能 反映出组织的目的和价值观。					
		组织内的所有团队都积极地为面对客户的团队 成员提供无缝的支持（比如财务团队即时对销 售团队做出反应）。					
		组织的产品/服务的价格相当能够反映出真实 价值。					
		适当的代表成员参与决定产品/服务的定价， 以便迅速避开竞争且还能够保持盈利并留住关 键客户。					
		该组织掌握相关的竞争组织和技术的情况并 能够对竞争不断保持警惕。					
		采取直面竞争或进入不易参与竞争的领域的策 略。					
24	客户需求及客	前线赢得的订单由无缝的机制传递给运输团					
25							

26	户活动	队。					
27							
28		运用科学的方法追踪订单的损失并找到导致损失的根源。					
29							
30		努力解决导致订单损失的问题并不断尝试赢回失去的客户。					
31							
		高级管理人员经常检视订单的情况及导致订单损失的根本原因。					
		有客户活动的流程，包括高层管理人员与客户的频繁接触。					
		来自不同客户群体的收入组合受到密切监视，且适当的消除风险的计划很到位。					
		组织有意识地对留住忠诚的客户予以关注，同时还专注于消除风险。					
		通过深入分析客户的信用价值，支持延伸给客户的信用。					
32	客户满意度	收集及量化客户满意度的方法（比如年度调查）得以实施，且针对反馈采取行动改善。					
33							
35							
36		获取大多数客户的定期反馈，然后交由高级管理层分析和检视。					
37							
		设置实际的客户满意度目标，然后组织努力实现目标。					
		客户满意度指标向一流组织的标准看齐，并努力达标或超过标准。					
		组织对其产品和服务的客户与最终用户做出区分，并相应地寻求他们的满意度。					
		单独获取最终用户的反馈，且做出分析并采取相应行动。					
38	产品/服务的设计及发展	组织有一个将客户需求转化为产品开发需要的流程。					
39							
40							
41							
42		遵循设计产品/服务的科学方法。					
43							
44		在整个设计过程中始终牢记客户的需求。					

		赢得客户的障碍，比如产品设计差（如使用产品的安全性）、支付系统薄弱（如在线支付系统被认为是不安全的）等被检测到并被消除。					
		组织有维护其知识产权的正规方法，包括正在开发的新产品的专利和商标。					
		如果竞争者或其他方提出侵犯知识产权的任何申诉，组织都能够处理。					
		有及时推出产品/服务及弥补损失或时间错误的机制。					
45 46 47 48 49 50	技术管理	组织按技术基础设施管理的政策文件行事，包括数据安全、访问控制、信息可用性、灾难恢复和业务连续性计划等。					
		采用界线明确的流程，以确保数据完整、信息安全及坚持安全策略。					
		有保护客户敏感信息及专利信息的流程，且包括处理违反保密规定行为的流程。					
		正确的数据只限于在正确的时间内提供给正确的用户访问，未经授权的访问是会被阻止的。					
		新技术的适宜性被辨识和分析，且得到相应的实施。					
		通过遵循一些最佳实践来完成新技术的落实。					
		总分					

3. 人力资源指标

序号	种类	详情	A	F	R	N	C
1 2 3 4	组织结构	实体身份（私营、伙伴关系、私人有限公司、无限责任、信托、慈善）与业务的运营相适应。					
5		组织的长期愿景被明确表达，且所有雇员都知道该愿景。					

7		坚实的积极的价值观体系得到遵循，且该体系给予组织所需要的力量。				
		设置了为业务无缝衔接的组织结构，并为创新提供了空间。				
		组织认为组织内任何方面的持续创新文化对长期的发展是至关重要的。				
		组织因其道德的行为和社会责任感而受到社会的尊重。				
		知识管理系统及流程很到位，且被用于改善业绩。				
8 9	管理系统/质量系统的采	一个国际知名的管理/质量体系已被采用且被认真地遵从，比如 ISO（国际标准化组织）、CMM（能力成熟度模型）等。				
		持续对管理系统的绩效做定期检视，且实施必要的改进措施并跟踪效果。				
10 11 12 13	流程改进机制	诸如六西格玛之类的结构化方法得到遵循，以减少缺陷并持续改进。				
14		识别的流程和被改进的优化流程及早期检测需改进的流程的机制是到位的且被执行。				
		胜任的人员被安排进流程改进项目。				
		定期进行制度化的流程改进且该等改进不是被强迫的。				
		实施流程改进项目的效果得到监测，以确保成功。				
15 16 17	危机管理	有结构化的风险识别流程，该流程包括单个部门对风险的拦截及整个组织对风险的防范。				
		对风险做出识别和评级（包括发生几率及其影响），且该等识别和评级的结果被传达给有关部门。				
		定期对被识别的风险进行检视。如果无法消除风险，则拟定出减轻风险的方案。				
18 19	人力资源方法	诸如人力资源成熟度模型等全球最佳人力资源方法已被采用，且被认真遵循。				

		雇员知晓组织的人力资源政策，且该等知晓程度是经过测试的。				
20 21 22 23	招聘	招聘团队只招募相关且必要的团队成员，被招聘人员必须符合工作的要求。				
24 25 26		组织了解运营地可提供什么人才，而如果在运营地招聘不到特殊人才的话，有从其它途径招聘的机制。				
		面谈的质量确保适当的候选人及时被录用。				
		有充足的控制，以确保录用条款是适当的，避免出现成本高的错误。				
		结构化的引导程序协助员工较快地适应新环境。				
		有聘用临时工的基本的最低控制条款。				
		组织遵守当地所有的政府规定，如最低工资、平权法案及社会保障等。				
27 28 29 30 31	培训与发展	实施包括调动前培训及在职辅导等的培训项目，员工训练有素。				
		培训课程的内容涵盖执行工作所需的技能及员工成长和再培训的相关方面。				
		只有受到充分培训的员工才会被分配工作。如果是在职培训，培训期间该员工会受到密切监管。				
		确保所有员工每年都接受到强制性的最低天数的培训。				
		培训团队配备专业、充足及能干的成员。				
32 33 34	技能及知识水平的验证	在给员工分配工作之前，先评估员工的技能水平，在工作期间，定期评估员工的技能。				
		技能水平不达标的员工会被辨识出来，跟进的行动包括再培训、技能复训、调动工作或解聘等。				
		员工技术水平评级成为晋升和调任等人事变动的主要标准。				
35 36	员工表现检视	有良好的员工评核流程，评核是定期的、中肯的及公正的。				

37		技能检测的成绩成为评核的一项标准。					
		评核过程能充分激发员工的敬业精神，为工作轮换、保留优秀人才及开发未来的领导人才提供了依据。					
38 39 40	薪酬和赞誉	薪酬结构达到行业基准，且会被检视及适当地修订。					
		薪酬与员工的考核成绩及未来潜力挂钩，且还是能够保持成本竞争力及公平。					
		奖励和赞誉是充分的、恰当的及公平的。					
41 42 43	员工满意度	员工满意度得到测量且其保密性得到保持。					
44		尽可能频繁地获得员工的反馈，相关反馈意见涉及到的经理/主管都会了解到反馈意见，且相关人员的改善行动会被检测。					
		纠偏渠道很到位，且有效地发挥作用。					
		可以没有担忧地通过申诉渠道表达对高级管理层的不满。					
45 46 47	工作环境	物理工作环境有助于更好地发挥员工的生产力及维持高士气。					
48 49 50		有安全策略和流程，且该等政策和流程被及时更新，以有效预防或将物理灾难降至最低。					
		灾难恢复和业务连续性流程是到位的，以确保灾难发生时损失最小。					
		定期衡量事故的发生率及其严重性，并采取措施避免事故引发的损失。					
		定期让员工了解发生灾难时应遵循的安全政策及程序。					
		保险覆盖全面，包括重要资产、关键人物及第三方责任险等。					
		总分					

D. 问卷答案的评分

☞ 以问卷答案的总数量为基数，"总是"、"经常"、"很少"或"从不"这四种答案各自所占百分比。

☞ "无法回答"这种答案不被计入答案总数，因此在计算百分比时，基数也相应地减去这种答案数量。

☞ 推论：

a. 如果该组织的多项资源被评为"总是"的比例是高的（大于50%），那么我们可以乐观地说该组织的那些资源是安全的。但答案为其它类别的那些资源也不能忽视。
b. 去掉"无法回答"这种答案，只有四种评级。这有效地协助我们从很多调查对象的答案中看到答案集中的趋势。如果最多的答案集中在"很少"的答案上，我们可以推断该项资源的状况是悲观的。这表明需要对该资源单独进行进一步评估。
c. 如果"无法回答"这种答案的比例很大，那么该答卷人或者不是一名胜任的主管或者没有给予正确的评估。

例：

假设组织内首席财务官的问卷答案如下：

资源	总是	经常	很少	从不	无法估量	总分
财务资源	25	15	8	2	0	50
市场资源	10	15	20	5	0	50
人力资源	6	11	10	18	5	50
Total 总分	**41**	**41**	**46**	**17**	**5**	**150**

百分比如下：

资源	总是	经常	很少	从不	无法估量	总分
财务资源	50%	30%	16%	4%	0	100%
市场资源	20%	30%	40%	10%	0	100% (50)
人力资源	13%	24%	22%	40%	5	100% (45)

我们观察到：

1. 财务资源较高的百分比表明公司的财务资源是乐观的。公司处在第一阶段，重点是财务控制。

2. 市场资源的评分是低的，评分最多的是"很少"。这表明"市场"方面的悲观程度较高。这可能是由于首席执行官缺乏这方面的认识或是组织内存在普遍的消极观点。

3. 人力资源的评分明显偏低，这表明人力资源处在需要改进的水平，应对这项资源的理念或能力做进一步的详细评估。